僕はやむを得ず、休養を余儀なくされた。

ただ、今思い返せば、こういう状態になってしまうことは、心のどこかではわかっていたのかもしれない。

以前、僕は日本選手権２００メートル（２００６年）の決勝で優勝したことがあった。だが、ゴールした瞬間、スタンドからは大きなため息が聞こえてきた。当時、僕は「２００ｍで20秒を切れるんじゃないか」という大きな期待をかけられていた。だから、そのため息はおそらく記録更新が達成できなかったことに対するものだったと思う。

そして、何より自分自身もそれに期待をしていたと思う。その頃は、僕自身、誰かに勝つぐらいでは満足できなくなっていた。

その後も僕は、そういった世界の「勝ち負け」を、ただひたすら繰り返した。

そういった世界で、「新記録を出すこと」「1位になること」「メダルを獲ること」

といった、スポーツ選手としての夢や目標を抱き、理想を求め、走った。
それが理想だと信じて走った。

だが、その理想の先には、「走れなくなった身体と心」と「失望と葛藤を繰り返す毎日」があるだけだった。僕は休養中、いつ走れるようになるかわからない自分の身体と心に向き合いながら、膨大な時間を過ごすこととなった。

＊

休養を宣言してから3年後、あるきっかけを境に、僕はまた走り出すこととなった。
結局僕は3年間という、長い時間の休養を要した。
自分が失った何かを取り戻すためにまた走り出した。
そして、それから約6年後、休養宣言をしてから実に9年後となる2017年6月の日本選手権――。僕は出場することとなった。

その時の光景を今でも鮮明に覚えている。

僕が200メートル予選のスタートラインに立った時だった。突然、スタンドから、これまでの人生では味わったことのないような温かい拍手と歓声が湧き起こった。衝撃だった。これまでに感じたことのない温かさを勝負の場で感じた。

そして、僕はいつの間にか自分の手と手を合わせていた。

以前、僕はレース前に手を合わせる時は決まって何かに「願って」いた。恐怖し、懇願し、救いを求めるかのように力一杯手を合わせていた。

でも、その時手を合わせていた僕は、心から「ありがとう」と言っていた。そして、その手は今までにないほど優しく合わせられていた。

その後のレースはもう覚えていない。

結果は、8人中8着。ドベ。

でも、僕は心の底から楽しかった。いや、幸せだった。
あれほど勝つことにこだわっていた僕が、走り終わった後、幸せだった。
どんな勝利より、どんな色のメダルを手にするより幸せだった。

そして、何より「また走りたい」と思っていた。

*

僕はこれまで陸上競技短距離走、いわゆる「かけっこ」というスポーツに取り組んできた。

普段は意識しないかもしれないが、スポーツはたくさんの要素が複雑に絡みあって構成されている。

勝ち負けの他にも、人間関係、目標、夢、メンタル、師弟……。スポーツとは、勝敗や記録だけのものではなく、本当はもっと多面的なものなのだ。

僕自身、スポーツという世界を通して、さまざまなことを深く体験し、そこでたくさんの感情や哲学さえも学んだし、今ももちろん学んでいる。そして、そういったことを誰か別の人間に伝えたり、ちびっ子たちに「夢とは何か？」と話す機会も増えてきた。

僕はこれまで、走ることでしか自分という人間を表現してこなかったが、走る以外のかたちで、何かを表現し、伝える機会が自然と出てきた。

そんな時に、今回、「本」を通して僕のことを伝える機会をいただいた。

なんだか最初は照れくさかった。だけど、僕が過酷な競争の世界でもがきながら考えてきたことが、アスリートに限らず、いま苦しい境遇にある人や、これから競争の世界に出ていこうとしている人たちに、少しでも役に立てばと思って、引き受けさせていただいた。

そして、この本は、あくまでも僕自身の体験を軸にして書き進めた。できるだけ「現実」を描こうと心がけたので、決して明るい話だけではありません。ただ、それも書いていくうちに何だか楽しくなってきて、書きながら誰かと話をしているような気持ちになりました。だから、気負わずに読んでみてくださいね。

どうぞ、最後まで僕の話にお付き合いくださいませ。

では、はじまり、はじまりー。

自由。目次

第1章
「勝ち負け」の話

第2章 「夢」の話

第3章 「人間関係」の話

第4章 「個性」の話

第1章

「勝ち負け」の話

勝つだけって本当に正しいこと？

僕の視線の先には巨大な聖火が激しく燃えていた。
1走の塚原選手が緊張した面持ちでスタートブロックを調整していた。
3走の高平選手は落ち着いた表情で空を見上げていた。
4走の朝原選手は自分だけの世界に入っているのか、目の前をただ見つめていた。
僕はというと、目の前で燃える聖火を見つめながら、聖火に話しかけていた。

「あともう少しだけ、力をください」

2走だった僕は、「自分が走るのはこれで最後になるかもしれない」と、走路を眺めながら力の入らない手を握り、そう呟《つぶや》いていた。

「いつからだろう？　こんなふうになったのは」

走ることが苦しくてたまらなくなってしまった。

「理由は後で考えよう」

今は目の前のレースに集中する。

目をつぶる。

「聖火のことだけを考えろ」

だんだん、心が静かになってきた。

あと、少し……。あと、少し……。

自分の中に静寂が訪れた。

その瞬間、号砲が鳴った。

北京オリンピック男子4×100メートルリレー決勝がスタートした。

＊

僕は2008年の北京オリンピック陸上男子4×100メートルリレーで、銅メダル（後日、銀メダルへ繰り上げ）を獲ることができた。

しかし、レース直後の感情は「嬉しい」というよりは、正直に言えば、「一刻も早く家に帰りたい」だった……。傍《はた》から見れば、嬉しくて、喜ばしい状況のはずなんだけどね。

でも、その時僕はただ「家に帰りたかった」。

だとしたら、僕はすでにその時普通ではなかったみたいだ。

その状況で家に帰りたい心境って、「嬉しい」とはまったく別次元の心境だよね。

子どもが怖い目にあったり、人が壮絶な恐怖体験なんかに出くわしてしまった時に感じるような……。「恐怖」という言葉が近いかもしれない。


手前味噌になるけれど、2000~2008年くらいまで憶えている範囲で、僕は「負けたこと」がなかった。だから、当時はひょっとしたら、僕がレースで勝つことを自分も他人も当たり前のこととして捉えていたのかもしれない。そういった状況の延長線に銅メダルっていう結果があったと思う。

ただ、勝つことが「当たり前」になるって、おかしなことだよね。

冷静に考えてみると、それは勝負という世界の中では決して「当たり前」になることではないはず。だって勝負って、勝つことも負けることもあるはずだし、どちらかだけって絶対にあり得ない。

そんなことがあったら勝負って言葉にすらならないよね？　だから、勝つってことが「当たり前」になっていた当時の思考自体がすでに「普通」の精神状態ではなかったはずだ。
とにかく健全ではなかった。本当に不健康だったと思う。

さらに、そういった勝つことが当たり前っていう歪んだ状態に、今度は「記録更新」というまた別次元の要素がくっついてきてしまった。

当時の日本において、100メートルで10秒を、200メートルで20秒を切った選手はいなかった。それに近い選手も今ほどいなかった。

当時の僕のベスト記録は100メートルが10秒03、200メートルは20秒03。どちらも大台とされる記録に一番近いのが僕だった。

勝つことは「当たり前」。「新記録達成」という追加要素。

大変な世界で走っていたと思うよ（笑）。

ただ、当時はそんな状態が長く続いてしまっていたからか、そういう状況に違和感を覚えることはなかったんだよね。僕自身が心底「勝ち続けたい」と思うことで、皆もそれが「当たり前」だと思うようになったのかな？　そんな状況でも、僕は結果を残そうと思っていた。

ただ、それを長く続けたんだけれど、「満足のいく結果」として認識されることはなかったし、自分が満足することもなかった。

勝ち続けること、記録を出し続けることという「目標」はある。だけど、一方でその目標に終わりはない。どこかに着地点がなければ、自分自身も満足することがないし、僕を見ている周りの人も満足することがない……。にもかかわらず、僕は、その満足しようのない世界で満足できる結果を求めて走り続けた。

当時、僕も周囲も偏った価値観に心酔していたと思う。

そして、勝つことが続くたびに、だんだん「神様だ」「怪物だ」って言う人も出てきたしね（苦笑）。

本当に勝つだけって人として正しいことなんだろうかってその時心底思った。

皆さん、どう思いますか？

こじらせアスリート

――「勝ち負け」からの自由

今までの競技人生を振り返って、「勝つ」状態がずっと続くっていうのは、僕の場合は精神的にあんまり健康ではなかったと思っている。もちろん、勝てば嬉しいし、誰だって望んでいるのは言うまでもないんだけどさ。

これまで色々なアスリートを見てきたけれど、「勝ち」ばかりが続き、勝つことが当たり前になってしまっているせいで、「負け」という事実を受け止めるのに苦労する人も多く見てきた。

それを「こじらせアスリート」と言う（僕の中でだけね）。

もちろん、僕も一時は、その「こじらせアスリート」の一人だった。

たとえば、競技を引退する人の中には、このようなタイプの人がいる。

競技を続けられるだけの体力はあるのだけれど、あえて体をぶっ壊そうとする人。

「ん?」って思うでしょ。でも、この手のタイプの人って結構いる。

もちろん、「不運の怪我《けが》」でやめていく選手が多いのも事実。だからあくまで、これはそういった人との線引きをした上での話なんだけど、前述したタイプの人って競技をやめる理由を作るために意識的、あるいはほとんど無意識に体を壊すような行動をする。僕はそういうこじらせアスリートを見抜くことができるのです。

それで、こういったタイプの人って「私は怪我をしたから続けられない」と周りに説明できる理由を無意識に作りあげたり、周りの人にわかってもらえるようにストーリーを作ったりしている。

怪我を美談として見せることで、自分の心や、場合によっては現在の自分のポジションを守ろうとしている。「負けてしまう自分を見せたくない」、あるいは「自分の弱い姿を他人に見せたくない」といったふうにね。

そういった姿を見せることを「恥」だと思っている。

そして、「弱さ」を他人に見せないことを己の美学とする選手もいる。


要するに「引退するかっこいい理由」が欲しいだけである。

でも、よく考えればそもそも引退ってそんな華やかなものでもないし、演出されるようなストーリーもないはず。


アスリート人生には「現役」「引退」という区切りが存在する。

人間の生死にたとえて「現役」＝「生」とすれば、引退はすなわち「死」を意味することになる。人間がいつ死ぬかわからないのと同じように、アスリートの引退もいつするかなんてのは本来はわからないはず。ましてや、そういった死に際や引退に本来演出などないはずだ。

そういった意味でも、「こじらせアスリート」は、アスリートとしての生き死にさえ、他人からの目線を意識して、演出している。

実はこういった「こじらせアスリート」は、若い時期に良い指導者と出会えなかった選手や、ほとんど失敗をせずに自力で成功体験を積み重ねてしまった能力の高い選手の間でよく見られる。

ただ、こういった選手たちも、最初は勝ちも負けも含めて競技を楽しんでいたはずだった。でも、人より優れた能力や才能があるせいで、本来負けなければいけない瞬間にしっかり負けられなかったのだろうと思う。

そして、近くにいる人たちも、こういった勝ててしまう選手に対しては厳しいことは言いにくいし、言わない傾向がある。

だから、近くにいる指導者や信頼関係のある人間が「勝つことの価値」だけでなく「負けることの価値」を教えてあげなければ、表面的な結果だけでしか物事を捉えることができないまま成長してしまうことになる。

そして、その選手はいつの間にか、競技を続けていく中で当たり前に存在するはずの本当の「勝ち負けの価値」を学ぶことができず、自分にとって都合の良い感覚だけを残してしまう。周りもそれなりにちやほやするしね。

そして、とどのつまりは「自分が勝つことが楽しい」というよりも「勝っている自分を見られるのが好きだ」になってしまう。

だから、こじらせアスリートっていうのは常に「恥」を外向きに抱えていて、自分にとって都合の悪い部分、弱い部分、本当の部分を外部に見せず、気がつかず、気づかないふりをする（気づかれているんですけどね）。

こうして「こじらせアスリート」ができあがる。

もちろん、勝ち負けを争ってスポーツをしているわけだから、「勝っている自分が好きだ」という感情は十分に理解できるし、勝つためにはそれがある程度必要なのもわかる。

でも、「競技が楽しい」という感情よりも、「勝っている自分が好きだ」という感情が圧倒してしまい、負けを受け入れられなくなってしまうのは、やっぱり不健康な気がする。いや、ある種の病気かもね。

スポーツや競技って基本は可能性への挑戦だよね。そういった基本があって初めて「勝ち負けの価値」が生まれてくる。

もし全力で挑戦して負けたのであれば、その経験から気づけることや学べることがある。「なぜ負けたのか?」ということに対して、本質的に考えられるようになる。

それが、結局「なぜ勝つことができるのか?」という話になって、負けることの真の意味や価値に目がいくようになる。

だから、勝つことと負けること、双方に意味と価値をしっかりと持たせることができれば、スポーツには本当に色々な要素や可能性があるってことがわかってくる。

スポーツ以外だってそうだ。

成功と失敗は常に表裏一体。むしろ一つ。

成功が正しい時もあるし、間違える原因になりうる時もある。

失敗が正しい時もあれば、正しくない時もある。

勝とうが負けようが自分に対して誠実であれば、そもそも勝ち負けに支配されることなんてなくなる。むしろ、自分自身の勝ち負けを選べるようになる。

それが本当の自由だ。

僕はそんなふうに思えるようになったから、これまで走ってこれたんだと思うね。でも、僕もこじらせそうになったからこそ、今こう言えてんだけどね……。あしからず。

勝とうが負けようが自分に対して誠実であれば、
そもそも勝ち負けに支配されることなんてなくなる。

レジェンド・オブ・マスター

——熟練者の勝負観

2008年北京オリンピックから帰ってきた直後に、「もう、やめないか」と声をかけてきた人が山ほどいた。いや、正確に言うと「やめてください」に近かったかな。ただ、きっとその人たちは、僕の年齢に対する先入観もあって、そんなふうに言ってきたんだと思う。

こういう、良い意味でも悪い意味でも、周囲から引退を促されたりしてやめていく陸上選手を僕は何人も見た。

それで、僕はというと、結局やめなかった。

そもそも基本的には陸上競技はアマチュアスポーツだし、「現役」「引退」には線引きがない世界。

だから正確に言うと「やめる理由」が見つからなかった。

ただ、そうは言ってもそういう意志をたった一人で貫けたわけではなく、「本当に理解してくれる人たち」がいたおかげで陸上を続けることができている。

ご存じかもしれないが、陸上競技には「マスターズ陸上」という大会がある。

全日本大会へは18歳以上、アジア・世界大会へは35歳以上であれば何歳でも出場することができて、5歳ごとにクラス分けされている陸上競技の大会だ。

何歳になっても陸上競技ができる大会で、見方を変えれば、人生の熟練者たちが出場する大会とも言える。

いわゆる「マスター」の世界。

2018年、僕はこの大会に38歳で初めて参加した。

参加した理由は単純で、

「今でもかけっこが大好きで、いくつになってもかけっこしたい」からだった。

もう少し詳しく言うなら、僕は20代でメダルという結果は出したんだけど、その結果の先に、もっと何かがある気がしていた。そんな理由もあって参加に至った。

それで、実際参加してみると、案の定超面白かった。だって、皆びっくりするほど「笑顔」だったから。

勝っても負けても笑顔。いや、超笑顔。

僕より何歳も年上の方が子どもみたいに喜んだり、笑ったりしている。

同じかけっこなのにとんでもないカルチャーの違いを感じてしまった。

変に緊張して、しかめっ面してる僕が何だか少し恥ずかしくなるくらいだった。

そして、皆、感情がとても豊かだった。

人目も憚《はばか》らず思いっ切り悔しがる人や、涙する人、レース中に大声出して走っている人なんかもいた。

何だか自分が本当に狭い世界でかけっこしていることに恥ずかしくなった。

それと同時に、今の日本のスポーツ界ってこういった感情の最も豊かな部分をちゃんと表現することに欠けているんだなとも思った。

テレビなんかで取り上げられるスポーツって、お決まりのパターンのドラマみたいに表現されていることが多いよね。先も読めちゃうし、なんだか綺麗すぎる。

だから、スポーツ自体に関わる人たちはもちろんなんだけど、もし観ている人がそういったわかりやすいストーリーだけにしか関心を抱かなくなってしまったら、たぶんスポーツはつまらなくなると思う。というか飽きると思う。

もっと言うと「人がやらなくてもいい」ってなってしまう。

だってお決まりのパターンだから。

そんなんだったら極論ロボットでもいいってなってしまうと思う。

本来は、それぞれの選手がそれぞれ違った感情や背景を持った人間なはずで、そういった人間のやるスポーツを勝敗や記録だけを競うものにしてしまうと、結局何も伝わらないし、感動も減ってしまう。だから僕は今もこうやって、魂込めて走り続けてるんだとも思う。

1912年ストックホルムオリンピック男子マラソン代表の金栗四三《かなくりしそう》さん。この方は僕の故郷・熊本の大先輩。日本人初の五輪選手の一人で、「日本マラソンの父」とも呼ばれた人。金栗さんは晩年も走り続けた。

この方は僕の「マスター」だ。
なぜ走り続けたんだろう？
なぜ走るのだろう？
好きだから？
何のため？

愚問だね。「マスター」は走りたいから走るのさ。
レジェンド・オブ・マスター。
最高。

本番を最大限楽しむためには？

レース前によくかけられる言葉がある。

「自分の走り」をしてきなさい。
「自分のレース」をしてきなさい。

もちろん陸上競技以外でも、色んな競技のスポーツ選手が「自分の試合をする」「自分たちの試合をする」という言葉を使うよね。

意味合いとしては、ライバルの走りに振り回されずに、いつもの自分のパフォーマンスに集中し、望む結果をたぐり寄せようということだね。

ただ、言葉としては、これって「自分の世界」の中で完結しているよね？　だって「自分の走り」「自分のレース」なわけだから。

どこまでいっても「自分」です。使い方やタイミング、選手のタイプによっては良い言葉ではあるんだけどね。

でも、じゃあ、なぜわざわざ「大勢の観客」に注目されながら、なおかつライバルたちと並んで走る状況でやるんだろう？

そもそもなんで今さら「自分の走り」に集中する必要があるのかな？　「自分の走り」「自分のレース」をしたいんだったら、そんな状況ではなくて最初から一人でやればいいじゃん？　という話にもなるよね。

僕は「かけっこ」が好きで、必ず他人も「そこ」に存在している。そもそも一人じゃ「かけっこ」は楽しくない。だからこそ、「自分の走り」は練習の段階で叩き込んでおく。それ以上のものは「かけっこ」が教えてくれる。もっと言えば、自分の走りより「かけっこ」に集中しているかも。

だから、レース前に
「自分の走り」をしてきなさい。

「自分のレース」をしてきなさい。

では、遅いと思う。

自分だけのものは、練習の時に繰り返し繰り返し叩き込み、完成させておく必要がある。

つまり、レース前に、

「自分の走り」をしなくては。

「自分のレース」をしなくては。

っていう心境や心理になるようでは、すでに競走やかけっこっていう舞台に乗り遅れてるんじゃないかな？　要するにできる時にできることをやっておかないと、本番でできないよってこと。

試合の時には完成していて、あとは本番のコントロールできない空気にまかせちゃう。まかせられるほど自分自身を本番までに仕上げられていないから、そういった言葉を呪文のように唱えなきゃいけないわけだよ。

だから極論、最後は「楽しむだけの状態」にしておくこと。

それ以外にやることや、考えることが残っているから、余計なことをしてしまう。

楽しむ以外のことを考えるから、結果、本番を楽しめなくなるんです。

だから、楽しむ以外のすべてのことは練習の時にやってしまうことが大事なんです。

練習が大事なんじゃなくて、練習の時間に何をするかが大事なんです。

自分だけのものは、練習の時に繰り返し繰り返し
叩き込み、完成させておく必要がある。

是、勝者の条件也

——「自分より強い相手」に挑む条件

「血の滲《にじ》むような努力をしないと厳しいレースで結果を出すことなんてできない」

20代の頃の僕は、基本的にはそういう考え方をしていた。

だから練習スタイルも「肉体・精神を限界まで徹底的に追い込むスタイル」だった。

でも、当時、この考え方に対しては否定的な意見が多くあった。

ただ僕は、このスタイルを理由もなく掲げていたわけではなくて、それなりの理由があってやっていたんです。


そもそも能力・体力・技術すべての要素が上回っている人間と勝負する場合、どうやって勝とうとしますか？

陸上競技は他の競技とは違って、身体能力をそろえるルールや道具はほぼ存在しない。

頭を使ったり、作戦を練ったりなんかはもちろん相手も当たり前にしている。付け加えて言うなら、対人競技ではないので、作戦はあってないようなものです。

「作戦？」って感じだ。

だからこそ、色々試してはみたけど、結局このスタイルしか残らなかった。

頭を使って賢くやるとか、技術力を活かしてやるってことは、最初から誰でも当たり前にやること。それは大前提の話。ありとあらゆる要素を全部考えつくし、その上で「さらに何が必要なのか？」を当時の僕は本能で追究していた。それが結果的に、このスタイルに向かわせたんだと思う。

ただ、この徹底的に追い込むスタイルを遂行するには、もっと必要なことがあった。

これは、陸上競技の世界に限った話ではないのかもしれないけれど、現在の「技術情報の量と速度」は、僕が20代だった頃とは、比較にならないほど豊富で速い。非常に効率的に情報を収集できる時代だ。にもかかわらず、オリンピックの短距離競技において、未だ日本人が個人種目でメダルを獲れていない理由は何だと思います？

僕が初めて世界陸上でメダルを獲ってから、もうすでに17年が経っている。僕に才能があったからなんて話は論外で、僕よりパフォーマンスが高い選手は、今はもう何人もいる。実際に、日本にはもうすでに100メートルで9秒台の記録を持っている選手が3人もいる。

だからこそ思うんだけど、過去の僕以上のことを達成するのは、今の時代においてそんなに時間がかかることなのだろうか？

日本人が個人種目で未だに実績を残せていないという事実は、世界のトップ選手と日本のトップ選手の「力関係」自体が、17年前とたいして変わってないことを意味している。

でも、それはなぜだろう？
どうやったら速くなるだろうか？
どうしたら勝てるだろうか？
この2つは、似て非なるもの。

僕は「勝てる選手」というものを何となく感じ取ることができる。この「勝てる選手」というのは、自分より圧倒的に強い選手とレースをする場合でも必ずと言っていいほど結果を出す。逆に「勝てない選手」はそういった状況に対して、極端に弱い面がある。

初めてオリンピックに出場した時、僕は20歳で、世界レベルの大会に出場すること自体が初めてで、とにかく何をするにも右も左もよくわからない状態だった。一番最初の世界大会が世界最高峰の大会だった。人生で初めて、世界のトップクラスの選手たちと同じ空間や至近距離でアップをしたり、レースをした。

そこでまず感じたのは身体の大きさの圧倒的な違いだった。

僕が小学生のサイズだとすれば、オリンピックに出てくる海外選手たちは高校3年生くらいのサイズ感……。

ボクシングでたとえると、軽量級と重量級の違いくらいある。僕の太腿くらい太い二の腕の選手もゴロゴロいる。同条件で普通にやり合ったら大変ですよね、このサイズの違いは……。

ただ、もちろん単純に体格がいい連中というわけではなくて、各国の選考会でしのぎを削ってきた短距離のスペシャリストたち。その中で徹底的に選ばれてきた人たち……。どう考えても相当不利。

そんな状況で「才能の競技」だと言われている短距離走をやり合うんですよ？どっから見ても明らかに自分より圧倒的に強い人間たちと。

そういった時って実際何を感じると思いますか？

やっぱり、「恐怖」でしょ？

じゃあ、そういった類いの恐怖と対峙するのに最も大事なことは何だと思います？

それはね、「勇気」です。


恐怖と向き合うのは「勇気」のいることなんです。

ある意味、「恐怖」があるから「勇気」が生まれるとも言える。

僕は相当時間をかけてこの恐怖と向き合っていたと思う。

そして、どちらかというとそれに精通している方。

だから、怖いもの知らずではありません。怖いものを知ってます。


そういったさまざまな恐怖を真っ向から受け入れた上で、楽しめるってところまで昇華していた。

だから、僕は当時、他の選手と比べて「勝てる選手」だったのだと思う。

勝敗の際どいところを「勇気」をもって制してきた。

これは、素直に自負している。

この辺りの恐怖・不安・弱さとしっかり向き合ってこられていないと、能力差がありすぎる勝負の「当落線上の場面」に置かれた時に、身体そのものがビビって、神経レベルで硬直する。

なので、この時点でどんなにリラックスしようとしてももう無理で、虚勢を張ったり粋がっても空回りするだけ。潜在的に感じている恐怖はもうコントロールできないんです。

だからこそ、僕は大会前に肉体と精神を徹底的に追い込んでいた。

レース本番で、彼らを目の前にした時に感じる恐怖以上のストレスを前もって自分に与えていた。本来はそこまでする必要はないと思うし、是非が問われるところでもあるけど……。

でも、僕はそうでもしないとその根本的な能力差への「恐怖」をカバーすることができなかったと思う。もはや能力差を補う手段としてそれしかなかった。

逆を言えばそれを実行できたからこそ、他人という存在に勝てる選手になれたのかもしれないね。

さらには日本人初と言われる舞台においても全くもって怖くなかったんだと思う。

まあ、無茶な勝負を挑んでいたとは思いますが……。


そして、前述の通り今日本には当時の僕より能力の高い選手がたくさんいる。環境も情報も充実している。

だけどなぜ現在の選手たちが、そういった本当の世界のトップステージになかなか到達することができないのか？


それは本当の「勇気」を知らないからです。

足りないのではなくて、本当に「怖いもの」を知らないだけなんです。

そこをきっちり通過してきていないだけです。


「勇気」

是、勝者の条件也。

さまざまな恐怖を真っ向から受け入れた上で、
楽しめるってところまで昇華する。

かけっこの世界

――苦しみの先にあったもの

2008年秋、心身ともにボロボロになって走れなくなってしまった僕は、地元の熊本に帰った。まずは「日常」を取り戻さなければならなかった。

人間って本当に身体がオーバーヒートすると、目・耳・鼻・口などの感覚器官のブレーカーが落ちるんだ。

生命を維持する機能以外は、極力エネルギーを使わないような状態になる。

だから最初は「光」に慣れることから始めた。

朝は部屋を真っ暗な状態にして、ゆっくり目を開けたり閉じたりしながら起きる。

いきなり目が光を受けるのは刺激が強過ぎて、頭が痛くなるような状態だった。

それから「起きる」という行為自体にもエネルギーを使うので、起きて立ち上がるのに2時間くらいかけていたよ。

その後、別室の母親と会話をしようとしても、エネルギーがないので、時折、「自我」自体が消失しそうになる瞬間がある。

そんな時は自分という意識がどっかに飛んでいきそうになるので、何か物を摑《つか》んでいないと怖かった。これは本当に恐ろしかった。

精神も肉体と同様で、自我を保持するのにもエネルギーを使うんだと初めて実感した。

いわゆる廃人っていうのは、この状態のほんの一歩先にあるんだなってリアルに思った。

そして、なんとかそういった状態を抜け、しばらくすると通常の生活感覚を取り戻せたのだが、今度は声が出ないことがあった。

正確に言うと言葉が出てこない。言葉を使えない。

脳の言語に関する部分がエネルギーを使おうとしないのか、思ったことを言葉に変換することが極端にできなくなる。

まずこういった「日常」から始めなければならなかった。

そして、常に戦場にいたせいか、本来の「日常」がわからなくなってしまっていた。

普通に起きて、朝を迎える。食事をする。その何気ない風景が当たり前ではなかった。

これまでは常に何かと戦い、何かの目的に追い立てられ、日常が強迫的に進んでいくのを感じていた。

普通の生活であれば日常があり、そして競技場という非日常に向かって行く。

でもかつての僕は、競技場が日常で、普通の生活が非日常だった。

だから、競争の世界を離れて普通の生活を始めると、むしろ不安でたまらなかったし、戦いのない日常の在り方がわからなくなってしまっていた。これも本当に恐ろしかった。

そして、一人で外出すること。最初は、外へ出ると手と脚がガタガタと震えた。いつも東京タワーのてっぺんにいるような心境で、外ってこんなに足がすくむんだって思った。

だから、まともに外に出て、人と会うことができるようになったのは、1ヶ月くらい経ってからだっただろうか。

それでも、出かけるとなると、やっぱり競技場へ行こうとしていた。

「今日は調子がいいから競技場へ行ってみよう」と出かけていくと、途中で足がすくんで引き返したり、やっぱりまた出かけたり。その繰り返しだったな。

そんなことを1年くらい続けていた。

3年くらい経った頃に辛うじて競技場に行けるようにはなった。

ただ、やっぱり競技をするってなると、ものすごい恐怖心だったり、身体が言うことをきかなかったりなんてことがまだたくさんあった。

長い年月が経ってしまったせいか、もう身も心も走れなくなってしまったんじゃないかってあきらめそうになったりもした。

2011年6月だったと思う。日本選手権を自宅のテレビで観ていた。誰か忘れたけど、ある選手が200メートルで優勝した。僕はテレビを観ながら「俺だったらこのレース、こうするな」とポロッと言っていたのよ、独り言で。

その瞬間、電気が走ったかのように「ハッ」とした。

「俺、走りたいんだ」って。

自分が何かを失ったところを外側から見た時に、自分の感情に気づいた。忘れもしない強烈な客観性だったね。本当に電気が走ったよ。

3年間全く走りたいなんて思わなかったのに、その時「俺、走りたいんだ」って電撃のように強烈に思った。

それからスイッチが入ったかのように毎日競技場に向かった。

少しずつ歩くことから始めていった。ちょっと気が早い気はしたけど、スパイクも新調した。何だか不思議とワクワクしてたよ。

ただ、練習を始めたはいいんだけど、身体はまだ不具合だらけで、以前の感覚は全くないし、やっぱり競技場に行こうとすると手が震える日もあった。

練習に行けない日もあったよ。本当に一進一退だった。

まあ、今振り返ってもそもそもの最初のステージが、競技者の水準ではないからね。まず壊れた肉体や精神の回復が手始めにあり、ゼロではなくマイナスからのスタートっていう状態。

先も見えないし、何か確信があるわけでもないし。

もう真っ暗闇から始めたようなものだっだ。

だから正解は、その一歩一歩の中に見つけていって、その価値もその一歩一歩の中に見出していくしかなかったよ。

そして、それから4ヶ月後だったと思う。

2011年の10月に熊本市の記録会でレースに復帰した。

実に3年ぶりだった。

久しぶりの試合会場に入った僕はとんでもなく緊張していた。

見たことのないスパイクを履いている選手がそこら中にいて、「こいつ、速そうだな」なんて思ったり、もう浦島太郎状態。いや、もはや初心者だった。

だから、何だか笑えてしまったよ。「やっぱりメダリストって肩書きは結局何の自信にもなんねえや」ってあらためて腑に落ちた。

会場には、3年間の休養からの復帰ということもあって、家族も来ていた。

ただ、家族は皆泣いていたと思う。

特に母親は「頑張ってここまで来た」ってことを思っていたというより、「一度死にかけた息子をまた旅に出さなきゃいけない」っていう複雑な心境だったと思う。

でも、それに反して、観に来ていた所属先関係者の一部は僕が緊張しているのを見て、携帯を見ながらからかうように笑ってた。今の僕だったらぶん殴ってたと思うよ(笑)。

そういった、何だかカオスな空気の中で僕の復帰戦は始まった。

でも、確かに走り出したよ、その日から。

それからまた10年近く経った今も走っている。それから一度も走りたくないなんて思ったことはない。


休養中のある時期、僕は人生で初めてハワイに行った。

砂浜をたった独りで走った。その時は、とても幸せに感じた。

「走るの、好きなんだよな」


一方で「俺はなんで競技場へ行こうとするんだろう?」「走るってどういうことだろう?」とも考えた。

その時はその答えが出なかった。

もし僕が「走るのが好き」というだけだったら、競技場にこだわる必要はなかったと思う。

それが幸せなら、そのまま独りで走ることを楽しんでいればよかった。

でも、どうしても心は競技場へ向かっていた。

競技場で走ることでしか、解決しないこと。

誰かと走ることでしか、解決できないこと。

3年ぶりに競技場に立った時、ここにはたしかにそういうものがあると感じた。

本当に時間がかかったけど、僕はようやく「かけっこの世界」に戻ってくることができた。

第2章

「夢」の話

本気で挑戦するということ

ある山に登った。

標高約1000メートルくらいのところに神社があり、気象条件や落石なんかで、場合によっては辿り着けないこともあるらしいけれど、どうしても行きたかったので、思い切って行くことにした。

ただ、前日の夜は「登れるかなあ」「辿り着けるかなあ」「大変だろうなあ」なんて思ったりして、試合を目の前にしているような気分だった。

当日、どことなく不安な気持ちを抱きながら現地へ向かった。

思い立って行動することはしょっちゅうあるけど、今回は何だか少し緊張していた。

だけど、そんな心配をよそに道中の空はびっくりするくらい晴れ渡っていて、全く問題なさそうだった。

何の滞りもなく、その神社に辿り着くことができた。


そこは、標高1000メートル地点ということもあって見晴らしがよかった。登り切った後に景色を眺めて、あらためてその高さを実感した。

樹齢3000年ほどの杉の木があり、日常生活ではあまりお目にかかることのできない動物にもちらほら出くわした。

そして何より、辿り着いた瞬間は、ありがたみとか爽やかな達成感を得ることができた。自分が目指していた大会を終えた瞬間の心境にとても近かった。その余韻に浸る感じが、競技場で感じられる心境のようだった。


その神社を後にし、別の場所に移動するため、車を走らせた。

その途中、たまたまだけどボロボロの鳥居がある場所を見つけた。パッと見は相当古く、周囲には人っ子一人いないような場所だった。

たまたま目にとまっただけだったけれど、車を降りて鳥居の奥へ入ってみることにした。ちょっと進んでみると、どうやらそこも険しい山の上に神社があるような雰囲気だった。

500メートルほど登ったくらいだったかな。

やっぱり何だか怖くなってきた。

「このまま進んで、大丈夫かな?」とか、「そもそも鳥居がボロボロだったし、本当に神社があるのかな?」とか考えてしまっている自分も出てきた。

今度は、前回の状況とは違って、神社があるという保証もないし、誰もいない。

そして山奥。携帯の電波も不安定。何だか天気もさっきよりも悪くなっている気がする。何とも言えない不安を感じた。

それでも自分の性格上、あきらめたくない気持ちが湧いてきてしまって、不安を抱きながらも、さらに中腹くらいまで登ってしまった。

ここで本当に「迷い」が出てきた。「登るか、下りるか」って。

ただ、こういう瞬間の気持ちって幾度となく経験してきたようにも思った。

そして、次の瞬間決めた。「やっぱり、登ろう」って。

迷いを振り切って進むと、またさらに不安が押し寄せてきた。

でもこの時の気持ちは「ここまで登ったら、最後までやり切ろう」にいつの間にか変わっていた。

幸運なことに、そこから少し登ったところに小さな神社があった。

色んな思いをして辿り着いた神社を目の前にして、今度は前回のような達成感ではなく、濃密な充実感のようなものを得た。例のごとく僕はしばらくその余韻に浸ることにした。


僕は余韻を味わいながら少しその場で休み、山を下りることにした。

山を下り始めると、登ってきた時のような緊張感はもうとっくになくなっていた。

もうすでに気持ちは次の目的地に向かっていた。

下りていく途中、何度か道端のちょっとした石ころに足を引っ掛けたりして少し危ない目に遭った。

そしてふと思った。

「山の登り方は何となく知ってるけど、下り方って知らないし、気にしたことなかったな……」


登山にたとえるのは少々強引な気もするけど、僕はさまざまな夢や目標（＝山）を持って、それに登ろうと思ってきた。それは高い山々に。その山道はとても険しかったわけです。


途中で落っこちることもあるし、登ることを中止せざるを得ないこともあった。

誰も登ったことのない山の山頂では孤独で死にそうな思いをすることもあった。

到達できたのは自分だけだという事実がとても嬉しく感じる山もあった。

でも、そこが気に入ってしまい、山頂から下りようとせずに心が凍え死にしそうになったこともあった。そういった山々に数えきれないほど挑戦した。そういう人生だった。


僕は「山に登っていく行為、そのプロセス自体が好き」なんだろうなって、山を下りながらあらためて気がついた。同時に簡単には届かないものに挑戦したり、何かを自分に課したりできることであれば、別に何だっていいのではないかとも思った。山だろうと、陸上競技だろうと「何でもいい」と思えた。僕の場合たまたま一番強くそう思えたのが、陸上競技の世界だっただけだ。

一つのことにこだわっている自分が好きで、何より自分が「挑戦したい」と思えることが最も重要だと思った。

僕は目標を達成してしまうと、時間も経たぬうちに「次へ」と思う方だ。目標に向かう時は目標しか見ないけど、目標が達成された後は、すでに次の目標に執着している。だから、夢の叶え方なんかは話せたりするけど、夢が叶った後のことを深く話したことはなかったと思う。

夢や目標を振り返ると、どちらかというと達成できたかどうかという結果だけに目が行きがちだ。

でも夢や目標を「どう振り返ったか？」ということは、今回の山を下りるっていう行為に等しく、登る行為と同様に尊いことなんだとも思った。登り方と下り方、登る風景と下る風景、すべてを振り返って初めて、その山の全体像を知ることができる。

夢や目標も一緒だ。

まず目指し、挑戦し、どういう結果になったか？
さらになぜその夢や目標を持ったのか？
その過程はどうだったのか？
何のためにそれらがあったのか？
その先に何があるのか？
そのすべての思考の過程が、自分の夢や目標の「本当の意味」を教えてくれる。
だからこそ、夢や目標は「叶えたか、叶えられなかったか」が重要なのではない。
その先にあるものが重要なんだ。
夢や目標の先にある本当の自分自身にしか見えない世界だ。
でもそれは、「本気」で挑戦してみないとわからない。
その先は、「本気で挑戦した人間」しか知ることはできないのです。

夢や目標は「叶えたか、叶えられなかったか」が
重要なのではない。その先にあるものが重要なんだ。

真剣な僕

――突然、目標が消えてしまった時

2017年4月に、僕は自分のチームとともにテキサスにいた。テキサスに来た理由は、カール・ルイスの恩師トム・テレッツ氏に師事することと、その年の6月に開催される日本選手権の参加標準記録を突破するためだった。

カール・ルイス。本名はフレデリック・カールトン・ルイス。アメリカの短距離選手。

僕らの世代は子どもの頃からカール・ルイスって呼んでたんだけど、あらためて本名を調べたらこういう名前だった。日本ではテレビでも何でもカール・ルイスって呼んでた記憶がある。だから、ここではカール・ルイスって呼ばせてほしい。

彼は今でいう、ウサイン・ボルトみたいな存在で、1979〜1996年の間に、10個のオリンピックメダル（9つが金メダル）、10個の世界選手権メダル（8つが金メダル）を獲得した陸上界のスーパースター。

僕らの世代や上の世代の陸上競技短距離選手でカール・ルイスを知らないなんて言ったら、ウサイン・ボルトを知らないってことと同じようなものだ。

そして、そのスーパースターであるカール・ルイスを引退まで支え続けたコーチが、今回僕が師事することになったトム・テレッ氏ということだ。


僕らはテキサスに到着した初日からトム・テレッ氏の指導を受け、1〜2週間に1試合のペースで大会を重ねていった。

そして、出場する大会ごとに着実にタイムを縮めていき、滞在から約1ヶ月後には日本選手権参加標準記録にあと一歩というところまで迫っていた。


滞在予定期間も終盤に迫ってきた頃、僕らは皆で話し合い、テキサスから少し離れたフロリダで行われる有名な大会に出場することにした。

その大会は世界中からオリンピックでメダルを獲ったような選手たちが集まる大会で、グラウンド設備も気象条件も非常に良く、環境としては申し分ない場所だった。今年の日本選手権の参加資格を摑むにはラストチャンスの大会だと思っていた。


大会当日、会場に着くと空は真っ青に晴れ渡っていた。気温もちょうど良く、グラウンドコンディションは最高だった。さまざまな条件が整っていただけに気合いも入り、会場にはいち早く入っていた。

僕はウォームアップを開始する時間まで、チームの皆とトラックの脇で談笑しながら過ごしていた。

そして、レースの時間も近づいてきたのでウォーミングアップを始めることにした。


ウォーミングアップを始めて1時間くらい経った頃かな。ポツポツと雨が降り出した。僕はまだ、その時点ではウォーミングアップを終えていたわけではなかったので、降り出した雨は気にせず、ウォーミングアップを継続した。

だが、次第に雨は激しさを増していった。

「何だよ」と思いながらも、雨宿りのために、いったんスタッフと自分たちの車に戻ることにした。

しばらくすると、今度は猛烈な雷が鳴り出した。

その雷は日本の雷とは桁違いで、凄まじく強烈な雷雨になり、僕たちは車の外に出ることすらできない状態になってしまった。

この時点で、何か嫌な予感はしていたが、とにかく車の中で待機を続けた。

やがて大会の運営側から案内があり、天候を考慮して、いったん競技を中断することが決まったという。僕らは天候の回復を待つことになった。

車の中で待ち始めてからどれくらい経っただろうか。

今度はそれまで待機していた他の選手がどんどん帰り始めた。僕が知っていた有名な選手もちらほら帰り始めた。

「まさかね？」なんて皆と話していたが、まだ残っている選手たちもいたので、とりあえず僕らは雨や雷がおさまるのを待った。

しばらくして少し雨がおさまったのを見計らい、マネージャーに状況を確認しにいってもらった。その間僕はただ車で待った。

このまま中止になるなんて信じたくなかった。

ラストチャンスのつもりでここに来ているわけだし、現に僕にはもう滞在できる時間がほとんど残されていなかった。

2008年の休養からこれまで、本当に一歩一歩進んできた。

進んだと思っては後退し、それでも進もうと必死に足掻《あが》いてきた。

1秒1秒が僕にとってかけがえのない時間だった。

日本選手権出場を一つの目標として、僕だけが頑張ったわけではなくて、色んな人にもたくさん応援してもらったし、支えてもらった。

時として、別々の道を進まなきゃいけない別れもあった。自分が正しいかどうかわからなかったけど、この道を信じてこれまで走り続けてきた。

信じるしかなかった。

僕だけでなく、僕に関わったすべての人たちが、どれほどの時間とエネルギーを費やしてきたか。

「こんなことで……」

「こんなはずでは……」

やり場のない葛藤が心の底から溢れてきて止まらなくなった。

そういった思いで頭がいっぱいになっている中、マネージャーが戻ってきた。そして、告げられた。

「落雷の危険性を考慮して、大会を中止する」ということだった。

日本から来た僕だけでなく、ヨーロッパやアフリカからわざわざ来ている選手もいたのに、たった1、2時間の雷雨で中止。

もちろん人命にも関わることなので、十分理解はしていたが、僕は頭に雷が落ちても走りたいくらいに思っていた。

何人かの選手は抗議の意を表して、グラウンドで走ろうとしていた。帰ろうとしない選手もいた。

泣き叫ぶ選手、怒号を放つ選手、さまざまいたが、皆同じように心から納得できない表情をしていた。

僕もその選手たちと同じように、軽い気持ちで選んだ大会ではなかったからこそ、その心情が痛いほど伝わってきた。

今でも思い出すけど、この時は味わったことのないような虚脱感を味わった。

夢とか目標を掲げて挑戦してきたのに、エネルギーを発揮する「場所」そのものがなくなってしまったという喪失感。

絶望を覚えるほど、行き場のない感情でいっぱいになった。

もう整理もできないくらいグッチャグチャだったね。

自分なりに「俺って絶望を感じるほど、真剣にやったんだ」とか「それほど全身全霊かけてやったんだ」とこれまでの経緯を肯定し、自分に何度も言い聞かせてみた。

でも無理だった。

いくら気の利いた言葉でそういった自分や現状を肯定したところで、その瞬間の僕にはその事実を受け止めることは間違いなく無理だった。

抵抗できない自然現象だからこそ、その無慈悲さというか、容赦のなさに、憎しみすら覚えた。

でも、次の瞬間には、それも無意味なことだと自分を責めてしまう。

結局、僕の思いやエネルギーなんて、こんな一瞬の出来事で無に帰してしまうのかと思った。

ただ、「できなかったからできなかった」っていうシンプルすぎる事実があまりに切なかった。

結果を出すためにすべてを懸けて臨んだフロリダでの挑戦は、結果、何もできず、そして不完全燃焼のまま終わったのだった。

僕らは次の日、とてつもない虚脱感を土産にテキサスに戻ることにした。そして、テキサスへ戻る飛行機の中、僕は絶望に打ちひしがれていた。

ただ、そのことすらも真剣に受け止める自分もいた。しょうがないと思えなかった自分。しょうがないけどもしょうがなくねえ、聞き分けのない子どもみたいな自分も。その真剣さが、憎かったりもした。

こんな結果なら真剣に臨まなきゃよかった。もうこんな思いは嫌だ。何度も繰り返し思った。


でも、なぜだろう？

心の中にある情熱の炎は決して消えなかった。

消えてくれれば楽になれた。でも決してその炎は消えてくれなかった。

真剣だったからこそ、消えてくれなかった。

真剣だったからこそ、消えなかった。


真剣な僕は、紛れもなく真剣な僕に救われていた。

そのことに気がつくのはもう少し後の話だとは、その時の真剣な僕には知る由もなかった。

コロナクライシス
——真剣の意味

2020年、新型コロナウイルスの影響を受け、日本高校スポーツの祭典「高校総体（インターハイ）」が史上初の中止となってしまった。

僕はインターハイを経験した人間だ。だから、そのインターハイがなくなってしまうなんて、これまで想像すらしたことがなかった。

この歳になっても、インターハイは毎年当たり前に訪れるものという感覚だった。

だからこそ、当事者たちの心中を100％汲み取ったり、彼らに道を指し示すことは、正直できない。

むしろそれを言っちゃうのはおかしいし、無責任なような気がする。

そもそも当事者たちがこれまで取り組んできたことに対する敬意がある。今僕は言えることだけしか言えないし、語れることしか語れない。その上でこの話を聞いてほしい。


40歳の僕にとって、インターハイは遠い過去の出来事だ。

高校1年生の時に200メートルで初出場し、予選落ち。

高校2年生の時は100メートル、200メートル両種目に出場したが、100メートルは準決勝で敗退。200メートルは8位。

そして高校3年生の時は、インターハイの1ヶ月前に体育のバスケットボールの授業でガラスに足を突っ込んでしまい、踵《かかと》を18針縫う怪我をしてしまった。ただ何とか直前には間に合わせ、強行出場はしたけど、結果100メートルでは8位、200メートルは予選の途中で棄権《きけん》。

インターハイはどこかほろ苦さが残る経験が多くて、べらぼうに良い結果を残せたわけではなかった。

それでも、確かな思い出は存在している。その思い出は、それからの僕の未来を描くために必要なものばかりだった。

教訓や悔しさ、その時にしか得られなかった感情や思い、そのすべてがその後の僕の人生にとって必要だった。

高校時代の思い出を胸にオリンピックや世界大会を戦った。そして僕の「今」がある。

ただ、もしインターハイで違う結果を出していたら、今の自分はどうなっていたかなと、時々考えることがある。

もし、僕がインターハイチャンプになっていたとしたら?

逆に、インターハイに出られていなかったとしたら?

色々と想像を巡らせてみる。

巡らせてはみたものの僕の答えは変わらなかった。

「今も走っていただろう」だ。

何度想像してみても、そういう結論に至る。


もし仮に僕がインターハイチャンプになっていたとしても、インターハイに出ていなかったとしても、走ることが好きということ自体は変わらなかったはずだという確信がある。

まあ好きじゃないと40歳で試合に出続けようとは思わないよね(笑)

走ることが好きという根本が変わらなかったからこそ、今も僕は自分にできる走りをしているし、今できる生き方をしている。どんな結果が出ようと、その結果に応じた続け方はたくさんある。

僕は人生の中で、走ることでたくさん希望を持ったし、絶望もした。

走ることが単なる遊びの範疇《はんちゅう》だったらそんな感情は湧いてこなかった。

一般的には速く走ることなんて、どうでもいいって思うよね? だって日常生活にそこまで必要のないことだし、せいぜい横断歩道をかけ足で渡る時ぐらいじゃないかな（苦笑）。

でもね、他人にとってはそんなふうに見えるかもしれないことを僕は好きだったんだ。真剣に好きだった。

だから真剣に取り組んで、真剣に喜び、真剣に笑い、真剣に怒り、真剣に悲しみ、真剣に悩んだ。

好きだったからこそ、真剣な自分でいられたし、自分自身を深く知ることができた。

インターハイを控えていた選手たちにとって、夢の舞台はもうなくなってしまった。

でも、もし真剣だったのなら、自分のこれまでやってきたことをもう嫌いにはなれないんじゃないかな？

嫌いになれないのならば、そのまま好きでいればいい。というか好きでいるしかない。

そして、また自分の好きなことを自分のできる形で続けていけばいい。

その先に何があるかは、僕にはわからないけど、僕の場合は何があっても気持ちが変わらなかっただけだ。それがわかっただけだった。

好きなことへの変わらない思いがある以上、いつ、どこでだって夢は自由に描ける。失望感や絶望感の本質は、そうした感情を強く覚えるくらい、夢を叶えるためのの「真剣さ」を持っていたということだ。

だから、大事なことはもう手に入れている。

真剣さを持てることが最も大事なことだと、40歳になってちょっとだけ理解している。

だから僕は今も走れている。

もし真剣だったのなら、
自分のこれまでやってきたことを
もう嫌いにはなれないんじゃないかな。

新・根性論

——根性とプライドの正しい持ち方

先日、僕が練習を見ている若い選手がバク転に挑戦していた。その選手は、バク転のできる人にある程度その方法を説明してもらい、何度も自分一人でトライしていた。

でも恐怖心があるせいか、全くできるようにはならない。できそうな兆しも見えない。

何度も自力でバク転しようとしては失敗する彼を見て、あるタイミングで僕は彼の横に立って、バク転を補助してあげることにした。

体を反らす瞬間に、体のある箇所を支え、転倒する恐怖をなくしてあげた。

実際僕は体操は素人なわけで、技術的なことは全くわからない。だが、彼がどの瞬間に「怖い」と感じるかはずっと観察していた。彼も失敗を繰り返しながら、恐怖心自体がキーだと認識していたようだった。

その後、彼と僕はさらに話し合いながら補助ありのバク転を何度も繰り返し、少しずつ彼はバク転の動きを覚えていった。

そして彼が補助ありのバク転に慣れてくると、僕は徐々に補助を軽くしていった。そうしていくうちに、ついに自分一人でも、辛うじてバク転ができるようになった。

彼はコツを摑んだのか、その後は補助なしでも繰り返し練習をしていき、最終的には自分一人で完全にバク転をできるようになった。それだけにとどまらず、自分で勢いをつけてやってみるなど、自分なりの工夫をするまでになっていった。

この話のように、何か課題に取り組んでいる時って、自分自身でその現状を客観的に100%理解するのはとても難しいことだよね。

たいていの場合、「何ができて、何ができないか」「何を知っていて、何を知らないか」を自分だけで完璧に把握《はあく》することはできない。

これはアスリートを含め、ほとんどの人に言えることだが、何かを上達しようとしている時に、知らず知らずのうちに負荷ばかりに目を向けてしまう傾向がある。

自分が負荷ではなく助力を必要としている段階であってもだ。

先ほどの話のバク転に挑戦していた選手も、バク転の説明は受けていたものの、僕が補助するまで、負荷だけをかけ続けていたわけだよね。やっている最中って助力を意識することは意外に忘れがちなんです。

僕もどちらかというと助力より負荷に目を向けてしまうほうだった。練習ではどれだけ自分を追い込めるかということばかり考えていた。

結果、心身ともに壊してしまった。こういった負荷ばかりに目を向けてしまうって話は、アスリートからよく聞きますね。

日本は諸外国に比べ、根性を好む国民性を持っている。

僕も根性が好きだ。根性は洗練されれば人知を超えた信じられない力を発揮することがあるからね。

ただ、これは諸刃《もろは》の剣で、根拠のない根性論は、非常に危険だ。心身ともにとんでもないことになる。それは身をもって理解しています。

近年はさまざまな情報や知識のおかげで、そういった根性論だけに傾倒するような指導やトレーニングは減ってきた。これはとても良いことだ。

昔は「水飲むなー！」が、今は「水飲めー！」ですからね。

一方で、情報や知識が簡単に手に入るようになるにつれて、「根性なし」も多く見かけるようになった。これはこれで、ある意味手が付けられなくなる。

変にプライドが高くなったり、屁理屈をこねてやらなきゃいけないこともやらなくなる。

これは陸上競技に限らず、何か課題に取り組む時って、何でも一度自分でやってみることが基本だ。

変にプライドが高い人はこの段階を省きたがる。

なのでまず大事なのは、自分が思っているよりももう少し時間をかけてやってみること。

それが上手くいかないのはわかっていてもやってみる。

その時点では無駄に思えるような時間をとることが、後になって活きてくる。

なぜなら、この段階では、自分にとって必要なことをまだ正確に把握できていないことが多いから。

そして、その次に「誰か」に聞いてみる。より深い情報も収集してみたりする。

ただ、この段階でもまだ答えを「決めつけない」ことが大事。

僕はよく相談を受ける。陸上競技と直接関係のない相談も多々ある。むしろそっちの方が多いかもしれない。

その中で一番困ることがある。それは相談しにきているのに「何かを決めつけた状態」で話をされることだ。

「何かを決めつけた状態」で話をする人を客観的に見ると、自分に都合よく現実を解釈していて、必要最低限なことさえやっていないことが多い。

また、実際の経験よりも、ネットやSNSの二次情報を頼りに話をしていることも多い。他にも、又聞きとかね。

そういった中途半端なトライや二次情報で、物事の正解を決めつけている状態はとても危険で、決めつけが極端になれば、洗脳状態とも言える。


あわせて、やたらとプライドが高くなってしまっている人も多い。

僕がある提案をすると「知ってますけど」「いや、調べた情報ではこうでした」とかね。僕からすると、「だったら僕じゃなくてネットでいいじゃん」という話になる。

自分自身の問題や課題を解決したいと思う一方で、失敗を恐れたり、イマイチ失敗をする自分を認めたくない変な自尊心も残っている。思考と行動に中途半端な点が多い。

そして核心に迫ると、決まって「でも」「だって」が多くなる。もっと深く話していくと、「慰めてください」という状態になる場合もある。要するに悲劇のヒーロー・

ヒロインってやつです。


大事なことは、まずは自分で思いつくことをできるだけやって、その後信頼する誰かと徹底的に「相互」に話し合った後に決めていくこと。

最初から絶対解を求めたり、自分だけで答えを決めつけないこと。

最初から最後まで言葉を交わし、中途半端に自己完結しないこと。

スポーツ選手のスランプって、意外にそういうところから始まっているからね。

他人と双方向でやりとりをしながら課題に取り組む方法を理解することで、一人でもより深く考えられるようになるし、誰かに相談している時にはさらに考えを深めることができるようになる。

さらに、自分も相談相手も気がつかなかった答えと出会うこともある。そうやって初めて、求めていた答えが見つかることもあるんです。

まあ、ジョハリの窓的な話ですよ。

「自分に見えている自分」と「他人に見えている自分」の違いを意識できる簡単な心理学モデルだから、一度調べて使ってみてよ。面白いから。

最初から絶対解を求めたり、
自分だけで答えを決めつけないこと。

メダルの対価

――プロとアマの違いの話（上）

僕は以前ある企業に所属しながら陸上競技に取り組んでいた。

当時から、日本の陸上競技界には明確に「プロ」という世界はなくて、あくまでそれは自己申告みたいなものだったかな。

だから極端に言えば「はい、今から僕プロです」って言えばなれちゃう。

何だか立候補的な感じで、実際に選手に必要な資格というのはないんです。なので、陸上競技って基本的にはアマチュアスポーツ。

つまり僕はプロスポーツ選手ではなく、あくまでアマチュアスポーツ選手だったんです。

現在、皆さんがテレビで観戦するようなスポーツって、そのほとんどはアマチュアスポーツで、野球やサッカー、テニス、ゴルフなどのトップリーグ、トップトーナメントのみが、プロスポーツとして成立している。

プロのスポーツ選手はアマチュアとは違って、受け取る対価というものがはっきりしている。「○年契約で×円を受け取ることができます」とか「ファンがあなたのグッズを買ってくれれば、△円が入ります」といったようにね。

一方で、アマチュア選手は、どんなに必死に活躍したところで、そういうプロ選手のような対価はないんです。

僕は一度世界で3位になったことがあった。これは歴史上、日本人は誰も達成したことがなかったことだった。この実績を思い浮かべた時に、変な話だけど当時の僕の年収ってどのくらいになったと思う？　これはよく聞かれることだった。

たとえば、プロ野球は毎シーズン、選手が年俸を公開しますよね。テレビに出てくる選手の年俸を想像して欲しいんだけど、あれの大体4〜5分の1以下ですかね。しかも陸上競技以外での収入が大半ですよ。それも、一瞬の出来事です。瞬間風速的な。フンッて感じで(笑)。

もちろん、陸上選手の中では報酬を得ている方だとは思うけど、じゃあ僕以外の選手はって話になると、日本で1番になったくらいでは競技だけで生活することすら成り立たないのが現状。やっていることと受け取れるものとの間に、悲劇的でかつ悪魔的な開きがある。

要するに「結果は出してくれ。でも対価はないよ」と言われているように感じる部分もある。

ただ、当時の僕はそれに対して特別不満を感じていたわけでもなかったんだ。でもこれは僕自身とても反省している。

そういった対価に対しての感覚自体があまりなかったし、プロという意識もなかった。基本的には陸上競技はアマチュア業界だから、そもそもそういった感覚が育つような環境でもないわけですが……。

最近はそういった感覚を選手個人もしっかりと持つような雰囲気にはなってきたみ

たいだ。だから陸上競技界の様相は、自分の頃とはだいぶ変わって来たと思う。
でも、だからといって完全なプロ競技というわけでもないので、実際は陸上界はプロ感覚とアマ感覚のあいまいな境界線上で成立している。

セミプロ的な業界って感じでしょうかね。

1000円
――プロとアマの違いの話（下）

僕は2004年のアテネオリンピックで100メートルと4×100メートルリレーに出場した。

ただその前年に開催された世界陸上でメダルを獲っていたこともあって、当時周囲にはとても期待してもらっていたと思う。

でも、結果は個人種目の100メートルでは二次予選敗退、リレーでは4位だった。個人種目においては思ったような結果は出せなかった。ことリレーに関しては、当時の水準で考えれば良い結果とも言えるが、個人的にはとても悔しい結果となった。

そして、そんな悔しい気持ちを抱えたまま大会が終了し帰国すると、すぐに日本選手団の解団式に出席しなければならなかった。オリンピックに出場した選手と協賛企業の関係者などが、都内のホテルのホールに集まった。

まずホテルに到着してすぐのことだったと思うが、関係者から「結果出なかったね」「残念だったね」「何してんだよ」っていうありがたい言葉をいただいた……。

まあ、何て言うか……、悲しかったよね。

その後、解団式は1時間あまりで終わった。

するとホール出口のドアが開き、そのドアの先には衝立《ついたて》が置かれているのが見えた。

近づいてみると、衝立には2つの矢印が貼られている。

メダリストの方は左手側へ。メダリスト以外の方は右手側へ。

解団式後にメダリストは皇居をはじめ、報告のために色んな場所を回ることが通例となっている。

なので、メダリストは左手側の通路を通り、用意されているバスにそのまま乗り込み、各所を回る。

それでメダリスト以外はっていうと、もう一方の右手側の、誰もいないホテル出口に続いているだけの寂しい通路を通り、そのまま帰宅する。

僕は、今でもこの時の何とも言えないやり場のない虚しさを覚えている。

当然の結果だとわかっちゃいるけど、その誰もいない殺風景な通路に立つと、とてつもない虚無感や脱力感を覚えてしまった。

きっと僕以外にも、同じように感じた選手も多いんじゃないかな。

実際に、そのまま街に出てって、ヤケ酒をしているアスリートもたくさんいたし、僕もその日は、ベロベロになるまで酒を飲んだ。何だか惨めでね……。

これでもかっていうほど苦しい思いをして、憧れだった夢の舞台に立ち、結果はどうあれすべてを出し切って闘って帰ってきた。

それなのにどうしてこんな惨めな思いをしてるんだろう？

僕は陸上競技を続けてきて、何を得たのだろう？

この通路を歩きながら本気で思ったよ。

正直に言って、この時は「アスリートとしての尊厳」を失っていたと思う。

20代の頃は、そんな思いをずっと抱えていたんだ。


企業に所属するアマチュアスポーツ選手は、他にも色々な場面で社会との関わり方に悩む。

これは、あまり知られていないことかもしれないけれど、競技を引退する際に、自分がやってきたスポーツの経験を生かして次のキャリアに進もうと思ったって、その受け皿は悲劇的に少ない。

たとえば、企業に所属している選手が30歳で引退して、そのまま同じ企業に一般社員として働き始めるとなったとしよう。

どこからスタートするかというと、新卒の新入社員と同じで「0」からのスタートだ。

もちろん、スポーツだけをやってきたわけだから、一般の30歳のビジネスパーソンが持っているようなスキルはない。

これはしょうがないことであると、重々承知している。

ただし、何でもかんでも新入社員と同じように「0」からという意識でアスリートのセカンドキャリアを扱ってしまうのも問題だ。

本人は、膨大な時間を捧げてきた競技生活の意味や価値すらも「0」になってしまったように感じるはずだ。

でも実際に、よほど優れた競技実績を残せた選手を除いて、多くの選手が「0」からスタートしようとしているし、させられている。

精神的に上手く次のキャリアに移っていくことができない人がたくさんいる。そんな人を何人も見てきた。

こういったアマチュア選手のセカンド・キャリアの問題は根深く、安易に環境を整備するだけでは本質的には解決しないんだ。

僕らは、全身全霊でスポーツに取り組んできた。

一つのことを最後までやりきってきたからこそ身につけることができた特殊なスキルもある。

たとえば、目標を達成するためのアプローチの手法など、一般的な社会人が持っているスキルとは違うものをたくさん身につけている。

アマチュア選手が自分の競技人生に対して本当の意味で納得できるかどうかは、単にどんな実績をあげたかではない。

経験してきたすべてのことに対して「自尊心や尊厳」を持てるかどうかが、最も大事になる。

そもそもアマチュアの本質についても考えてみたい。

「対価があるからやる」ではなくて、「自分が純粋にやりたいからやる」ということが基本。

だから、結果に対しての「対価」より、あくまでも「純粋な自己評価」が重要だ。

自己完結的、もしくは自己満足のようにも聞こえるかもしれないけど、自分自身のパフォーマンスに対して、永遠に納得できないということも起こり得る。

場合によっては失敗した自分を、自分の気持ち次第で地獄に落としたりもできるわけだ。ある意味では最も厳しい世界なのかもしれない。

僕はどちらかというとそういうふうに自分を追い込むタイプの人間だった。

実際に僕のようなタイプの人間が多いのも、またアマチュアスポーツシーンの傾向だ。

だからこそ、せめて報酬や対価の面で、達成したことの「落としどころ」をしっかりつけられる環境や条件がないと、選手が引退後、精神的にも社会的にも非常に危険な状態に陥《おちい》る可能性もある。

なぜなら、そういう純粋なアスリートの精神をとことん利用することだって可能だからね。

極端なたとえだけど、企業が選手に対して「好きなことやってるんだから、報酬は1000円で、オリンピックで金メダルを獲ってこい」みたいなありえないこともこの理屈では言えてしまう。下手すればそれが成立してしまう世界でもあるんだ。

だから自分も周囲の人も「純粋にやる」ってことをはき違えたら本当にまずい。

当時の自分はアマチュアイズムをもっと深く理解するべきだったと思う。

オリンピックはアマチュアスポーツの祭典であるわけだしね。

対価がないところでスポーツをやっているからこそ生まれる感動がある。そこにこそアマチュアスポーツの本来の価値が存在する。

「競技そのものと自分自身の心に正直に従って、練習を積み重ね、乗り越えてきたものを試合で表現する」という姿勢が、アマチュア選手には大切なんだ。

僕は今、プロの筋道とアマチュアの筋道、そしてその境界線を少しは理解できるようになった。

だからかな、少しだけスポーツ選手として自由を感じることができるようになった。

でも、やっぱり1000円はねえわな（笑）。

メダリストは一日にして成らず

北京オリンピックの4×100メートルリレーで銅メダルを獲ってから10年以上が経った2019年、何とその時の銅メダルが銀メダルに繰り上がるという出来事があった。

当時、ジャマイカチームが金メダルを獲ったんだけど、そのリレーメンバーの中からドーピングで処分された選手が出た。

とはいえもう10年以上も前の話が今頃になってというのも変な話のような気がするけど、それが理由で彼らは金メダルを剥奪されることになった。

そして、日本チームは銅メダルから銀メダルに繰り上がった。

2019年5月に日本でその銀メダルの授与式があり、当時のリレーのメンバー4人がそろって、あらためて銀メダルを受け取った。

20代の頃の僕は、メダルや記録のみが陸上選手の価値だと思っていた。当然3位よりは2位、2位よりは1位に価値があると思っていたし、メダルを受け取ることにも、メダルの色の違いにも大きな意味があったはずだった。

そして、10年以上経ってどういった形であれ、銅メダルが銀メダルになった。


当然、その事実に対して、その後色んなことを聞かれたし、話さなきゃいけないこともあった。

だから、今あらためて繰り上がったことへの感想や現在の気持ちや、当時のことなんかを話してみたい。

もちろん銀メダルになるってことは喜ぶべきことだ。でも一方で喜べない気持ちもある。

他のメンバーが本当のところどう感じているかはわからないが、僕は嬉しくもなかったし、かといって残念でもないというか、要するに「複雑」だった。一言では片付けられない。

僕の中では、2008年のオリンピックは自分が思う、これ以上出し切れないほどのエネルギーをもって挑んだ。その結果、リレーでメダリストになった。その色は銅だった。

それで僕は、その時の北京オリンピックという物語を完結させ、それから10年以上経った今も現役選手として走っている。メダルが答えじゃなかったからこそ走っているとも言えるんだ。

銀メダルの授与式は、リレーメンバーと10年越しにあらためて顔を合わせる機会にもなった。リレーメンバーそれぞれの心境や、10年間の人生でどのような時間を使ってきたかがよく感じ取れる時間だった。

10年以上経った今、僕以外のメンバーは引退している。正確には引退としている（第一線から退くという意味で「引退」を表明しても、必ずしも競技をやめるという意味ではない）。

だから、この出来事は単にメダルが繰り上がったというだけではなく、メダリストの生き方を考える良い機会にもなった。

2008年、僕らはメダリストになった。だが、その後のメダリストメンバーの生き方はそれぞれ全く違ったと思う。

メダリストにとって、自分自身とメダルとの距離感が、その後の生き方に影響を与える。

これは、メダリストの宿命だ。

僕はこれより前の2003年に、オリンピックではないけれど、世界大会でメダリストになった。

だからこそ、メダルというものをどこか客観視しているところもあって、メダルとの「間合い」というか、「距離感」を非常に大事にするようになっていた。

そういった経験からか、真のメダリストはメダルを獲っただけではなれないんだなと思うようになっていた。

僕らメダリストにとってメダルは「肩書き」で、末續慎吾はメダリスト末續慎吾でもある。

これは全世界に通用する一生消えない肩書きで、普通の肩書きとは違う。

メダリストはメダルを獲った後の人生をどう生きるかによって、真のメダリストになれるかどうかが決まるのだと思っている。大きな肩書きだからこそ、その肩書きに見合ったものを競技や社会に還元していくことが大事だと考えている。


2008年北京で獲った銅メダルは、10年後に銀メダルになった。

僕は銀メダリストになった。

メダルを獲ることが人生の目的地でないからこそ、そのメダルの色が変わったという事実に対して嬉しくも悲しくもなかった。これから、またメダリストとしての生き方が問われるのだという「覚悟」をしただけだった。


だからこそ、メダリストの生き方には答えがないとも言える。

メダリストは一日にして成らず。

第3章

「人間関係」の話

#「良い」指導者の条件

「師弟関係」は、僕のスポーツ人生、いや人生に本当に大きな影響を与えてきた。

〈教える―教わる〉の関係は、〈先生―生徒〉という関係が一般的だけど、他にも〈師匠―弟子〉っていう関係がある。

どちらも、〈教える―教わる〉の関係だけれど、師弟の方がより深い関係だ。

たとえば、学校には先生がいる。その先生が、自分の人生にとって大きな影響を与えた先生だとすると、その人のことを「恩師」と呼ぶようにね。

僕はこれまでの競技人生で、〈先生―生徒〉という言葉を使うよりも、〈師匠―弟子〉という言葉を使う方がしっくりくる関係が多かった。

僕が解釈する師弟関係は、教える方も教わる方に「教えられている」というもの。普通、師匠は一方的に教える存在だと思うかもしれないけど、僕が経験してきた師弟関係は違った。

師匠も弟子と同じようにたくさんのことを学ぼうとしていた。

僕は、中学3年の時に熊本市で1番、さらに九州で2番目に速い選手になり、2校の高校の先生から「うちに来てくれ」と誘われた。

一人の先生は「僕が必ず強くする」と言った。

もう一人の先生は「僕は何もわからないけど、君と一緒に陸上をやりたい。先生もいろいろ勉強するから」と言った。

その時の僕は、一方的な〈教える—教わる〉の関係は好きじゃなかったようだ。先生も僕自身も二人ともゼロから始める方がいいと思った。だから、二人目の先生の言葉が心に残った。

またその先生は、「特別待遇はしませんよ」とも言っていたけど、何より僕の意思も尊重してくれている姿勢が、とても信頼感を与えてくれた。なので、僕は二人目の先生にお願いすることにした。

「何もわからない」という指導者よりも、やっぱり自分の分野で確かな競技実績を残している指導者の方が、きっと良い指導ができるんじゃないかな？　と思う人が多いかもしれないけど、僕は違ったみたいだね。

実際に、陸上競技の世界では、名選手と言われるような人が、引退して大学や実業団でコーチや監督をやることが多かったりする。

そしてやっぱり、その指導を受けたいという選手がたくさん集まる。

実績を残した人は、自分はこうやって練習をしたから、こんな素晴らしい結果が出ましたって言える。何より実績を残した人の言うことには、他の人よりも説得力がある。

でも、本当に説得力がある人ほど、良い指導者になれるかというと、実はそうでもなかったりする。説得力がある人の指導にいつでも納得できるかというと、そういうわけでもないからだ。

実際に僕は、誰もが認めるような素晴らしい競技実績を持った人から指導を受けていた経験があるけれど、その指導に納得できないと思うこともたくさんあった。プレーヤーとしての実績が評価されて指導者になった人は、実績を根拠に指導することが多い。でも、そのやり方が本当に教わる側に合っているかというと、そうでない場合もたくさんあるんだ。

実績がある人にとっては、自分がこれまでやってきたことが「正解」だ。だから指導される側の選手それぞれの個性を無視して、「自分と同じようにやることが正解だ」と言えちゃったりもする。

教わる側にとっては、自分より圧倒的な実績を持つ相手で、立場的にも上下関係がはっきりしているだけに、言われることをそのまま受け取ることしかできない心理になるよね。

外部から見れば、実績を指導の根拠にすることは、もっともらしく見えるかもしれないけれど、実際には、その指導に納得できずモヤモヤしている選手を僕はたくさん見てきたし、僕もそう感じることがあった。

これって、スポーツ以外のどんな世界だって同じことが言えるよね。

いくら目の前に偉い人がいたとしても、いくら先生が自分より実績を残した人だからって、その人の言うことに「納得」できないことはいくらでもある。

言葉の解釈の問題かもしれないけれど、「説得する力」と「納得させる力」っていうのは、一見似ているようで、実は違うものだからだと思う。


説得力は、教える側が教わる側を押さえつける力。

納得はあくまで教わる側の心の問題だ。

実績は説得力を高めるから、実績のある人は簡単に指導者側に立つことができる。

でも実際のところ、実績だけでは、目の前の弟子一人を心から納得させることはできないんじゃないかな。

一方で、〈教える―教わる〉の関係に安住せず、お互いに学んでいこうという真摯な姿勢を持った人の言葉にこそ、教わる側の心が動いたりする。

だから目の前の人一人を納得させるって、本当は大変なことなんだよね。

納得。

「説得する力」と「納得させる力」っていうのは、
一見似ているようで、実は違うもの。

上下関係と並行関係

――指導者の位置関係

師弟関係が始まった段階では、師匠の方が高い競技実績を持っていたとしても、弟子がある時点で師匠の実績を超えてしまうことは十分に起こり得る。そんな場合、実績で自分を超えられてしまった師匠は、何をもって弟子に対してその先の道を示すことができるだろう？

もし指導者が、自分のやってきたことのみを正解として、一方的に教えているだけだったら、弟子が師匠の実績を超えた段階で、師匠が弟子を指導する根拠もなくなってしまうってことになる。ということは、そういった指導者に本当の指導力はあったんだろうか、という疑問が出てくるよね。

じゃあ、指導者が自分自身の持っている経験や立場で、その弟子を納得させることができないのであれば、そういう指導者は選手とどう向き合えばいいんだろう？

〈教える―教わる〉の関係での指導をティーチングというけど、それ以外の指導方法にコーチングという考え方もある。

ティーチングとコーチング。

この違いを端的に言えば……

ティーチングは、師匠が弟子に対して、自分の経験や情報を一方的に伝えること。

コーチングは、師弟が双方的かつ並行的なコミュニケーションをとるということ。

指導者と選手の関係を正常に機能させる上では、たしかにティーチングも必要。

だけど、それだけでは前述したように限界がある。さっきの説得力と納得させる力の話に戻ると、コーチングの方が納得させる力が強く働く。コーチングは、お互いに話をしながら、競技に取り組むわけだからね。

ところで、実は日本ではコーチングよりもティーチングで指導する文化が強い。

それはどうしてか？

学校の部活での指導を思い浮かべてみるとよい。

コーチングというよりもティーチングの指導が行われているよね。

子どもや若い選手が日本でスポーツをするとなると、ほとんどの場合、小学校、中学校、高校など、学校の「部活動の範囲」ですることになる。

つまり、スポーツ指導の大半が、教育現場で行われているわけだ。

だから、日本のスポーツは、身体を鍛えるための手段、つまり「体育」の一環として考えられることが多い。

そして、体育は学校の先生が生徒に教えるものだから、スポーツも体育の範囲にあるならば、先生が生徒に「教える」ことになる。

学校の先生は、教室だけでなく、部活動でも顧問の先生として生徒を指導するしね。

学校の教育は、基本的にティーチング。それが、スポーツ指導の場所でも引き継がれるというわけだ。

午前中は教室でティーチングをしている子どもに対して、午後の部活の時間になったらコーチングの指導に切り替えるなんて、先生と生徒の関係をそんなにコロコロ変えられるわけないでしょ？

教育現場で先生によるスポーツ指導が行われる限り、教える人と教わる人がコーチングのように横に並ぶような並行関係になることは現実的には難しい。

これは日本のスポーツ指導におけるジレンマである。

だからこれからは、学校の先生もコーチングのスタイルや考え方など、いいところは積極的に取り入れていったほうがいいと思うんだよね。お互いの「信頼関係」を醸成しながら指導を行うことで教育効果も上がるし、その方法を部活にも生かしていければ、スポーツ界全体の変化にもつながっていくんじゃないかなと思っている。

パワハラシンキング

〈教える―教わる〉の上下関係の中では、相手を一方的に押さえる力が働くことがある。

だからこそ、お互いのモラルを守った上で〈教える―教わる〉の関係が成り立っているということが大事だ。

ここ数年「パワハラ」という言葉をよく聞くようになった。
スポーツの世界でもパワハラが問題として取り上げられることがある。
僕自身もスポーツの現場でパワハラが行われているのを見た経験があるし、そんな時は本当に虚《むな》しい気持ちになる。

パワハラは、指導者と選手の関係、教える人と教わる人の関係が、極端におかしくなってしまっている状態だ。

だから、「なぜパワハラが起きてしまうのか？」ということを考えることは、言い換えれば、なぜ〈教える―教わる〉の関係がおかしくなってしまうのかということを考えることにもなるんだ。


たとえば、練習の中で、監督やコーチから「100メートルを10本走ってこい」と言われて「走りません」と言い返す選手はなかなかいない。

日本ではあまり見たことがない。どんなに苦しくたって、選手は、なんだかんだ10本走ろうとするだろう。

教える側がこういった「パワー」を行使した時、教わる側が理不尽なパワーを感じたなら、それは「パワハラ」ということになる。

指導者と選手の間には、〈教える―教わる〉という上下関係があるので、意思疎通をはからなくても、強引なパワーで指導することができてしまう。

でもこれが指導において必要なパワーである場合もある。そうしないと教えられないことなんて山ほどある。それは誤解しないでほしいところね。

では、なぜその当たり前の関係が「パワハラ」という問題になってしまうのか？

それは、教える人が、「1人称」でしかスポーツを考えることができなくなってしまった時に、〈教える—教わる〉の関係がおかしくなってしまうからだと思う。

たとえば、指導者が選手の目的や考えを無視し、「勝たなければ価値がない」「勝つためには手段を選ばない」と独りよがりの考え方をしている状態だ。ただ、残念ながら、選手として実績がある指導者ほど、「勝利＝善」とする傾向がある。

なぜならば、「自分の経験を肯定したい」からだ。

「勝利やタイム、実績がすべて」。こんなふうな自分の経験からくる思い込みが強いから、選手に対して、勝ち負けにしか興味が持てない。はっきり言ってしまえば、教わる人が、教える人の欲望を満たすための道具になってしまっている状態に近い。

たとえそういった師弟関係で試合に勝つことができたとしても、その関係のままスポーツを楽しむことは難しいし、実際にその後の関係も長くは続かないと思う。

教える側も教わる側も、自分の立場だけでなく相手の立場から物事を見られるようにならなければ、信頼してともに真剣にスポーツに向き合う師弟関係にはなれない。

だから、指導に必要なパワーすらも、ヒステリックに「パワハラ」などというしょうもない言葉で問題化しなければならない。

指導現場では、指導者、選手の双方に成熟が必要だ。その成熟とはモラルだ。

指導者側だけでも選手側だけでもない、このモラルの欠如が、現代のこんなくだらない問題を引き起こしている。

究極の信頼関係

——心情を感じる感情の情報

先ほど登場した高校時代の先生のエピソードだ。

その先生は、もともと長距離種目が専門で、短距離のことをほとんど知らなかった。当時、先生は40歳手前。研究熱心で情報を集めてきては「これどうだ?」「どう思う?」と聞いてくれた。そんな先生の姿勢を受けて僕ら部員も、先生が短距離種目に詳しくないことを思いやり、「何とかしなきゃ」と一緒に勉強した。これが日常だった。

ある冬の日、先生が「今日はスターティングブロックを付けて練習をする」と言い出した。

部員たちは皆、寒い時期にスピードの出るメニューをやる意図がわからず、やる前に先生の前で「ケガしちゃうよ」などと不満を漏らし始めた。

すると、先生は「そういう態度なら見ない。勝手にやれ」とばっさり言い放った。

みるみる険悪な雰囲気になってしまった。

僕らはその時初めて先生を怒らせてしまった。

僕らも皆、そんな先生に面食らって黙ってしまった。


ただ、僕はなぜかその時手を挙げて質問してしまった。

「どうしてスターティングブロックを使うんですか？」


すると、先生は何事もなかったようにすぐに応えてくれた。

何のことはない、「冬期でも速い動きを忘れないようにやらせたかった」ということだった。

たった、それだけのことだった。

それで僕は、すぐ先生が言ったメニューをやることにした。


僕が先生に質問した時、何を思ったのかを振り返ってみた。

僕は、先生の言葉を単なる「情報」として受け取ったのではなく、先生の「心情」を感じていたんだと思う。他の部員は、先生の言葉を単なる情報として受け取った。

僕は、先生の言葉を先生の心情と合わせて解釈した。


人間は情緒的だ。先生も人間。

人間同士だから解釈が違ったり、誤解が生じたりすることはある。

先生は情報を与えるだけの存在ではない。

当時僕は、コミュニケーションについて何か特別なことを意識していたわけではないけれど、何か自分に伝えてくれる人に対しては、その人が発する言葉の裏側というか、その言葉が含んでいる心情を感じ取れる方だったのかもしれない。

発言の中身よりも、伝えてくれている人の心情に感性が向いてしまう。伝えてくれている人の思いや感情を大事にしていたのだろう。

トラブルが起こった時によく聞くじゃない？「そんなつもりで言ったわけじゃない」って。師弟関係や上下関係がこじれる原因っていうのはさまざまあるけど、そうした問題の多くは正確な意思の疎通ができなかった時に起こる。お互いの感情をしっかりと理解することが、僕にとって師弟関係を築く上では最も大事なんだ。

また、こういうこともあった。

僕が37歳で、カール・ルイスの恩師のトム・テレッツ氏のところに師事しに行った時のことだ。

当時僕が日本ではなく海外に師を求めた理由はたくさんあった。

その理由は話せないこともあるので割愛するが、ネガティブな一面もあった。

ただ、テレッツ氏と一緒にいる時間には、そういった事情を深く話すこともなく、彼自身もそういったことを深く詮索《せんさく》するような雰囲気の人じゃなかった。彼は僕を一日一日丁寧に指導してくれた。

そんなある日、僕は練習で思うように走れなくて、グラウンドで一人考え事をしていた。

それは、僕の中では、ただ「走れなかった」ということだけで済む悩みではなかった。

僕は当時もう37歳。いつの間にか日本では走ること自体を珍しがられるようになっていた。

現役でいることを否定されることさえ多くなっていた。

同時に理不尽なことや納得がいかないことと出会うこともたくさんあった。

日本では20代の頃の僕と比較されることが増え、それはいつも否定的な視点のものばかりだった。

言葉にできないほどの悔しさを抱え、何かを信じることさえも疑ってしまう自分がいた。

でもそんな自分を、それでも支えてくれる人たちもいた。

だからこそ、思うように走れない自分に、ふがいなさや情けなさ、言いようのない感情を抱いてしまっていた。

そんな時に、彼は僕のところに寄って来て、あらたまって僕の顔を見てこう言った。

「君が過去どうだったかは、僕にはどうでもいい。今の君はきっと速く走れる。自分を信じなさい」

その瞬間僕はこう思った。

「この人は僕の心情を感じてくれている。この人は今の僕に対等に向き合ってくれている」って。

僕は不思議と嬉しくて涙が出てしまった。

テレッ氏は、僕の心の深い部分を何も言わずに推し量ってくれていた。

そしてさらに、僕はこう思った。

「別にこの人の言っていることが、すべて間違っていても構わない」と。
僕は、この人が自分に何かを伝えようとしていること自体が幸せだった。

結局、師弟関係ってこんなことだと思う。
別にその人の言っている情報が少々間違っていてもいい。
師匠も弟子も人間なんだから……。
いかに誠実な姿勢でお互いを受け入れているかが、最も重要なんだ。

要は、「師」が今回のテレッ氏のような姿勢で「弟子」を受け入れれば、弟子もそういった姿勢を見せてくれる師を尊敬し、向き合おうとする。そうすると、自然と認め合い許し合える関係になる。問題は師弟で解決し、決してパワハラのようなトラブルにはならない。

つまり、何か特別なことを伝達し合う師弟関係って、そういった繊細な感情や高度な情報交換の連続でもあるんだ。

時には沈黙したり見守ったりなど、言葉を使わない伝え方もありうるし、表面的な情報のやりとりだけではより深い信頼関係は築けない。より高度な双方間の立体的で多面的な情報交換が必要なんですよ。

究極の信頼関係ってとても深いのだ。

師弟関係は、いかに誠実な姿勢でお互いを受け入れているかが、最も重要なんだ。

知らない関係は大人の嗜み

――主観と客観のバランス

2003年の世界陸上パリ大会で銅メダルを獲得し、日本に帰国する直前のことだった。当時の日本代表選手団の団長の方からこんなことを言われた。

「君がこれから日本に帰ったら、人生が変わると思う。気を引き締めて、心して帰りなさい」

この大会以前の僕はと言えば、そこまで注目されるような選手ではなかった。

練習で使用していた東海大学のグラウンドは、どちらかというと神奈川県の田舎の方にあり、顔見知りの人たちばかりの土地だった。

だから、そもそも「自分がどんなふうに見られてるか」だとか、他人の視線やプレッシャーを変に意識することもなかった。

それが、パリ大会から帰国してからというもの、僕と他人との距離感は一変することとなった。


当時所属していた会社のオフィスは御茶ノ水にあった。帰国してすぐに所属部署の方から「世界陸上の報告のために出社してください」と言われた。そして、出社のため最寄りの東海大学前駅から小田急線に乗ると、突然電車の中で大勢の人に囲まれて、いきなりサイン会が始まってしまった。


また、その後、地元熊本でも銅メダルに関するイベントがあったので、その会場に向かうため市内の繁華街を歩いていた時のことだ。

するといきなり後ろから「スエッグーッ!」という叫び声がした。

振り返ると10人以上の知らない人が駆け寄ってきて、いつの間にか道端で胴上げされているなんてこともあった。

よく知らない人が、友達だと訴えてきたりもした。

「友達の妹の友達の友達」とか言っている人もいた(苦笑)。

一度も会ったことがない親戚も増えた。ただ、そういった親戚ほど一番親戚面をするから、非常に対応に困った覚えもある。挙げ句の果てには、お店で食事していたら、全く知らない人にいきなり肩を噛まれたなんてこともあったよ。

ゾンビかって話ですよ……。

そんなことが続いて、僕はいつの間にか人目を気にしながら生活するようになっていった。

当然、当時の僕は、自分で他人との距離感をコントロールする方法を今ほどは知るはずもなかったから、そのあまりに極端な人間関係の変化に対して、どこか疑心暗鬼になってしまっていたよ。

ある程度、誰もが認める結果を出し始めると、当然注目されるようになる。注目されるのだから、良くも悪くも他人への影響力も大きくなってくる。それに比例してさらにさまざまな人が集まって来る。

もちろん最初の頃は、やっぱり注目されたりチヤホヤされたりすることは正直嬉しかったよ。

ちょっと有名人になった気分で、誇らしかったりもした。

ただ、関わる人がどんどん増えていって、ある時から、自分の知っている人の数を知らない人の数の方が明らかに上回るようになった。

それから徐々に何とも言えない違和感を覚えるようになった。というより何か怖くなってきた。

だって、日常のプライベートが自分の部屋以外全くなくなってしまっていたからね。外に出た時点でプライベートとの境界線がなくなってしまっていた。

一般的に、自分が知っている人と自分を知っている人の数ってそんなに大きく変わらないと思うけど、当時は、僕を知っている人の数の方が圧倒的に多かった。

どこで何をしていても常に、誰かに見られているんじゃないか？　と思うようになってしまっていた。

常に緊張してしまって、ビクビクするようにもなっていた。別に悪いことしているわけじゃないのにね。まるで人目を避けて逃げる犯罪者みたいだった。

スポーツ選手に限らず、どんなことでも実績を出せば、社会から評価されて注目を集めることになる。これはどの世界でも同じで、非常にわかりやすい。注目されることは素晴らしいことだし、多くの人が望むことでもある。

ただ、その輝きが大きければ大きいほど、光れば光るほど、存在する陰の部分もやっぱりあって、気がつかないうちに自分の中で失われていってしまうものもある。

僕にとって注目を集めることは、陸上競技をする本来の目的ではなかったと思う。だから、一番きつかったのは、「アスリート」として自分が出した結果よりも、周囲からの注目度の方が大きくなり過ぎてしまうことだった。なので、そういったギャップに対して強烈な罪悪感が生まれてきてしまっていた。これが相当なストレスだったかも。

まあ、「真面目か」って話だけど（笑）。

振り返って考えると、自分のそんな性格をしっかり見極めた上で、割り切ってこういった騒ぎに向き合っていたのであれば、実力と知名度のバランスが良かろうが悪かろうが、知らない人たちとの関係ももっと気楽に、有効に築けていたのかもしれないね。

第4章

「個性」の話

「個性がないんです（涙）」

――個性の見つけ方

「個性」について、僕なりの解釈を話してみます。

自分がたった一人の存在だとします。
周りには誰もいないし、何もない。
そうしたら、自分の個性をどうやって認識するだろう？

自分とは違う何かを見ることで、初めて自分との違いを認識し、自分は「こんな人間だ」と気づくことができる。

個性はあくまで相対的に認識されるものだから、極論、自分自身の個性を捉えることは、一人では無理だ。

これはあくまで僕のたとえだけど、僕は「自分は男だ」という自分の中の当たり前の個性を認識している。

これは僕にとっては疑いようのない事実で、なおかつ自分で選んだわけではない。でもよく考えてみると、そもそも僕は、どうやって「自分が男だ」と認識していったんだろう？

そう考えた時に、まず僕の人生の中で「女性」という存在が当たり前にいたからだと思う。

女性という存在を自分が意識し、認識し、女性との肉体的・精神的な違いを感じることで、男性という個性を自然と確立していったんだと思う。

自分が男性らしく振る舞うことで、女性にも自分を男性だと認識してもらう。

女性の場合もまた然《しか》りです。

さらに僕が末續慎吾であるというのも個性と言えば個性。

これは僕が決めた名前ではなく、受け継いで、名付けられたもの。ある意味抵抗できないものです。

それで喜ばしいこともあれば、何だか大変なこともあった。

自分で見つけた末續慎吾もあれば、家族や友達に教えてもらった末續慎吾、もっと言えば陸上競技に教えてもらった末續慎吾もいた。

なので、個性は自分だけでは決められない自分以外の要素、つまり他人や環境からの影響をたくさん受け成り立っているってことも言える。

もっと言えば歴史的背景や概念からも大きな影響を受けている。もはや次元を超える球体のように、あらゆる方向から影響を受けて個性って成り立っている。

とまあ、ここまでが、僕なりのざっくりとした個性への解釈ね。

僕はよく人から相談を受けることがあります。その中で「私って個性がないんです」って悩む人がたくさんいます。

そんな時、僕はいつも「ん?」って思う。

先に話した「個性」という話から考えてみると、「私、個性がないんです」っていう考え方は実は変。そもそも、あるのか、ないのか、にこだわる話ではないってことです。


僕は今こうやって執筆活動をしていますけれど、単に自分の書く言葉や話す言葉にこだわっていたら、いつの間にか必要とされ、結果的にこういうふうな流れになった。自分がやってきたこれまでの活動が影響して、本を書くという一つの仕事(個性)に結びついただけとも言える。

僕は今まで陸上ばかりやってきた人間だけれど、執筆を始めてみると案外「自分に合っているな」とか「夢中になれるな」と思うところもあったりする。自分なりに言葉の使い方に悩んだりしながら、より文章が個性的なものになっていくのを感じたりする。

そうすると、「俺ってこういう一面があるんだな」って知ることができる。こうやって、今まで気づかなかった「自分の個性」をまた発見するんだ。

要するに、何か初めてのことをしてみた結果、それが自分の個性であるってことに気がつく。

こんなふうに本来個性って「自分はこうなんだ」と決めつけたり、「自分は何者なんだ」って気合いを入れて探したりするもんじゃない気がする。

悩んだって、自分自身だけで個性を決められるわけではないんだし、時、場所、状況などの色んな方面からの影響を受けることで、個性は形作られる。

「個性」なんて、『ドラゴンボール』の精神と時の部屋みたいなところにたった一人にされでもしない限りは、周りからの影響でいつの間にか自然に生まれてくるんじゃないかな?

だから、自分に対して「個性」だなんていう仰々しい言葉で決めつけなくても、「だいたい、私ってこんな感じの人なのか?」って構えているくらいがちょうどいい。その「だいたい」が大事な気がするね。

結局「自分ってどんな人間なんだろう？」って常に探しながらも、よくわかってないくらいの方が、そもそも人間らしいし。

ある瞬間にふと自分の個性に気づくこともあれば、誰かと遊んでいたり、仕事していたりする時なんかに偶然見つける場合もある。また、寝ている時ふと頬に当たるそよ風に何か自分の個性を見つける人だっているかもしれない。それも突き詰めれば個性っちゃ個性だよ。そんな機会なんて一生涯どこにだってあるよ。

だからあんまり、自分で自分をあーだこーだなんて深く考えないで適当に「外が暑い」だの「ステーキがうまい」だの言っててごらんよ（笑）。

そうしているうちに、なんじゃこりゃ？　って自分に出会うよ。

「だいたい、私ってこんな感じの人なのか?」って
構えているくらいがちょうどいい。

走らずして、走るのだ。

――「極める」とは？

僕は自分の個性については、7～8割は何となく自覚しているつもりだけれど、あとの2～3割はわかっていないと思っている。この年齢になっても、まだ自分についてわからないことが多い。

ある程度基本的な個性がある一方で、年齢を重ねるごとに変化していく部分もあるかも。

陸上競技の練習で考えてみると、20代、30代、40代と時間を経ても全く変わらない練習と、やり方を変えてきた練習がある。正確に言えば、変えていかないと継続できない練習がある。

僕の場合は、例えば「坂道を走っている時に、ある一定の身体の角度で走っているか？」「200メートルのコーナーの出口付近で、身体が恐怖を感じているか？　いないか？」などといったことを基準に、自分の状態を判断する。

たくさんある練習の中で、昔から「これだ」っていう変わらない感覚のものがあるんです。

もう少し詳しく話すと、自分の専門種目である200メートルを完成させるのに、4つのポイントとなる練習があって、この4つの練習がしっかりできるようになれば、僕の200メートルは必ずある一定のレベルにまで来る。

まあ、自分の基本みたいな練習で、それは20代から全く変わってない。

専門的な話になるけれど、そのうちの一つの練習を紹介しますね。

「200メートル＋100メートル」っていう練習がある。

まずトラックの200メートルのスタート地点からスタートして、80％以上の力で200メートルを走り切る。

走り切ると、休む間もなく100メートル後ろに向かって歩いていき、トラックの100メートルのスタート地点に向かう。

この時は絶対に立ち止まったり、座ったりしない。止まらずに必ず歩き続ける必要がある。

僕の場合、200メートルの出力にもよるけど、4～5分くらいでこの100メートルを歩くことが多い。

100メートルのスタート地点に着く頃には血中の乳酸値は最も高い状態になり、頭は真っ白で、吐き気、痺《しび》れ、震えなど生理的には肉体が「危険な状態」になっている。

そして、その状態のまま100メートルを100％で走る。

この時の100メートルをどう走れたかが、この「200メートル＋100メートル」の練習で最も重要なポイントとなる。

100メートルのタイム、体にかかる負担の度合い、回復の速度、走る速度の出方とか、さまざまな情報を収集する。

これが、200メートルの状態を把握する一つのバロメーターになる。

場合によっては、これを数セット行い、自分が思うベストな状態にまで引き上げるように調整したりもする。

あとの3つの練習は企業秘密なので言わないですけど（笑）、僕の中でこの練習も含めそれぞれ必殺技みたいなものだ。

だから、競技歴が長くなると、この4つの練習を通じて得られる感覚をもとに、本番のレースではこのくらいで走れるだろうということがわかってくる。

20代の頃は、この身体の感覚を「陸上競技の練習」だけでアプローチしていた。

でも、30代、40代と年齢を重ねるにつれて、競技場での練習ばかりやっていては、身体が持たなくなってきた。

陸上競技場のタータン（グラウンドのゴム）はとても固くって、常に衝撃を身体に与えている状態だから、身体への負荷が大きいんですよ。
だから、ここ最近は、運動生理学的にはニュアンスも道理も違うのかもしれないけれど、さっき説明したような陸上競技場で得たい身体の感覚を全く別のアプローチで完成させる方法論を取り入れている。
今やっていることを少しだけ紹介しよう。

ボクシング（対人ではない）――有酸素系を刺激する目的に加えて、年齢とともに反射神経系がどうしても衰えてくるから、ハンドスピードを要するトレーニングを使って、それの低下を防ぐ。できるだけ脳に近い箇所の動きに速い神経を通しておきたいって目的もある。

総合格闘技――打・投・極、それぞれの瞬間でありとあらゆる展開に対応する柔軟性が要求されるため、まずもって「脳の機能向上」に絶大な効果がある。偏った思考にとらわれなくなる。徹底した軸の安定を要求されるため、このスポーツをすると単純な身体能力や運動神経が培《つちか》われるんです。

サーフィン——いかに「力」を抜くかということを「陸」の道理ではなくて「海」の道理で教えてもらう。そうすることにより、陸上競技をしている時でも、力みからくる怪我を回避できる能力が育つ。何より、楽しいからやっている。

この他にも色々と試しています。

僕はもう陸上競技での練習で得られる効果を身体感覚で知っているからこそ、これらの別のスポーツを陸上競技にも反映させることができる。

走っていなくても、走ることに繋げられるってことだ。

ここで余談ですけど、宮本武蔵は、晩年は剣を持たなかったと言われている。

剣は持たないけれども、いつでも斬ることができる状態にいたんだと思う。

剣を持たずして、剣を振っていた。

僕の場合は「自分が走ったな」という感覚になれたら、走らなくてもいい。

これは走ったことがたくさんある熟練者しか持っていない特別な感覚。

そんな感覚が得られれば、はっきり言えばどんな練習でもよい。極端な話、いちいち競技場に行かなくても部屋の中でも道端でも、やろうと思えば成立する。

まだ走った時間の絶対量が足りない時って、肉体的な経験の絶対量が少ないので、頭や身体が感覚を記憶していないのね。だから「陸上競技」をしないといけない。変な言い方だけど、走るということが自分自身になっていない段階。

何でもそうだと思うけど、専門分野をいったん極めたら、今度はほかの分野のことからもヒントを摑んでいくこともできる。

だから、「走る」って個性を極めると、走らなくても走れるようになるのだよ。

スポーツの嗜み

――スポーツをやる意味ってなんですか？

個性には、年齢を重ねても変わらない部分がある一方で、変化していく部分があるもの。

「自分自身の基本的な個性を確かめながら、変化する個性を捉える」ということを考えると、スポーツは自分の個性を知る上でとても有効なんじゃないかと思っている。

ただ、スポーツを始めてすぐにどうこうできることではなくて、長い期間自分の好きなスポーツに付き合っているからわかることでもあるんだ。

「最近体力落ちたな」っていう何気ない感覚も、スポーツをしている人とそうでない人とでは、実は感じ方が違う。

普段からスポーツをしている人は、正確に自分の体の変化に気づくことができる。体力の変化を感じ取るセンサーのような機能が働くようになるんだ。


40歳や50歳で陸上競技を始めたいって言う人を結構見かける。

とても素敵だ。

しかし、自分の体力を知らない人もまた多い。だから、すぐにケガをしてしまう。運動会のお父さん的な感じで(笑)。

どこかに病気を患っている人や運動が困難な人を除いて、自分はどこまで体を動かせるのか、どこまで動かすと怪我をしてしまうのか判断できないのは危険なことだ。

だから健康な人が、自分の体力を知らないっていうのは、ある意味では罪だと思っている。


スポーツを続けていれば、自分の体力で何ができて、何ができないかということを知ることができる。

それはスポーツ以外における自分の能力や個性を知ることにも繋がってくることだとも思っている。

だから、よく「スポーツをやる意味ってなんですか？」って聞かれることがあるけれど、「自分を深く知ることができる」と答えている。

自分を深く知ることができれば、例外なく何事にも「可能性」が広がる。これは確かなことだ。

僕は若い頃から陸上競技しかやってこなかった人間だ。

でも、今こうやって執筆をしていたり、スポーツ以外でも色々なジャンルの人と関わることができている。

スポーツを通じて自分を知り、そのスポーツの世界観を伝えてきたことの反響があったからだと思う。

スポーツをやりながら気がついた自分の個性と、スポーツに関わっていない人から見た自分では気づかなかった個性とで、その時できることをやってきた。

ぜひ、皆さんもスポーツを嗜《たしな》んでみたらどうですか。

あなたの知らない世界がちょっと広がりますよ。


嗜むとは？

「このんで親しむ。愛好する」

「芸事などを習って身につける」

ということです。以上。

「スポーツをやる意味ってなんですか？」って
聞かれることがあるけれど、
「自分を深く知ることができる」と答えている。

「理想の自分」は変化していく

「理想の自分」

その理想って本当に本当？

あなたが理想として持っている自分の姿って、本当に理想？

大豪邸に住んで、裕福な家庭で……っていう理想があったとする。僕にもそういう理想がなくもない。ただ、はたして自分の想像している理想像が自分の本当の個性に合うかどうかって、わからない。

個性に合った理想像って、生きているうちにわかるのかな？

僕は20代の頃、自分が極度の寂しがり屋だと思っていた。

だから将来は、たくさんの人と関わるような仕事をするだろうって思っていた。

でも、今しょっちゅう一緒に仕事をしている人はせいぜい2～3人。

若い頃の理想とは違うけれど、これで心地よく仕事ができているのだから、少人数で働くことが自分の個性に合った働き方なのかなと今は思っている。

だから今では、「柔軟に楽しいことをやろう」「勉強になることをやろう」といったスタンスで、何事も極端に決めつけることはしないで色々なことをやってみている。


それで今後も自分の感性を積み重ねていったらどうなっていくんだろうなあ、と考えている。

だから、今が理想的と言ったら、理想的かも。充足していると言えば、充足している。だって今の感性が遠い理想より重要だからね。

でも、歳をとったり、いろいろな刺激を受けたりしながら、走り続けているうちに、また変わっていく部分もあるだろうなあとも思っている。

自分がいいなあとか、自由だなあとか、目の前の人が喜ぶといいなあ、という感覚はたぶんずっと変わらないんだろうなという気はする。それは自分の基本的な部分だとは思う。

僕、今インスタで公開してるんですけど、実は、猫を飼い始めたんですよ。というか実は以前は猫が好きじゃなかったんですよ。犬が好きだった。

もちろんそのせいもあって、僕は実は犬も飼ってるんですよ。だから家には犬と猫がいるんです。毎日ワンだのニャンだの大変です（笑）。

それで、どうして猫を飼い始めたかというと、これは「たまたま」です。

自分の犬と戯《たわむ》れてた時、ふと、猫との生活ってどうなんだろう？　と思っただけ。

思い立ってペットショップに行ったら、偶然にも一目惚れしてしまった子がいたの。

そしてすぐさま連れて帰り、生活をし始めるわけだけど、まあ可愛い。

犬と変わらない可愛さ。

なんで猫好きじゃなかったんだろう？　記憶喪失でもしてたんじゃないかと思うくらい猫が可愛いって思う。

犬は割と上下関係を作っちゃう。だからある程度こちらがしつけないといけない部分がある。でも、その分深くコミュニケーションする。

猫は上下関係を作らないので、犬ほどしつけがいらない。そんな猫との距離感も楽しい。

そういう別々の愛情のかけ方が、なんとも自分の知らない個性的な部分を開発してくれるわけです。

猫ってちょっとプイッてするところもある。だけど、そういう姿をじっと見て愛でてるのも、この動物との向き合い方なのかなって思ったりする。それで犬にはない個性もまた感じる。まあ俺って動物好きなんすかね（笑）。

理想を目指す気持ちは、自分が前に進む原動力になる。でも、あまり意固地にならないで、目の前の現実に合わせて自分を変えていくと、意外に見つけられるものがたくさんある。

犬派だと思っていた自分が、「たまたま」猫に出会って、「たまたま」幸せを見つけた。

こんなんだったっけ、俺？

でも、これでいいと思う。

「理想の自分」って何だろう。

わからんにゃー。

コロナイセイ

――今の時代を少しラクに生きる考え方

2020年、中国・武漢で発生した新型コロナウイルスの感染拡大により、世界はこれまでにない未曽有の事態に巻き込まれた。実態不明なウイルスの存在とその感染速度の速さに世界中は恐怖し、世界中が緊急事態宣言を発動した。

そして、各国が国を閉鎖し、感染拡大を阻止しようと動いた。日本も同じく2020年4月7日、新型インフルエンザ等対策特別措置法に基づき緊急事態宣言を発令した。

これにより、これまでのあらゆる生活様式が一変し、これまですべての人が当たり前に営んでいた生活が一変した。

人・事・モノとの距離感、ビジネス形態の変容……。言い出せばキリがない。でもこれは明らかにこれまでの時代そのものが変化していく一つの大きな幕開けであり、これまでのすべての価値観を大きく変えていかなければいけない時代に突入した。

僕は今回のコロナによるこの世界的な環境変化を通じて、また「新しい自分の個性」を見つけられるのではないかと思ってる。現実として、コロナで生まれた新しい生活様式っていうのもあるしね。

こういった状況ってある意味では外圧的に変化を要求される。ある部分では追い込まれるところもある。そして、それに合わせて自分の本質も出てくる。良い意味でも悪い意味でも。

でも、そういう自分と向き合って、この時代にどのように生きていくかが、今後の個性的な生き方になっていくとは思う。

中には、こういう人もいるらしい。

「コロナだからといって関係ない、俺は毎日キャバクラに行く。基本俺は三密だ」って（笑）。

それもまた一つの個性？　だけど、悲劇的に残念な個性だね。

余談はこのくらいにして。

タイプ論を使った性格判断ってものがある。

人を外向的か内向的かに分けて、その中でさらに分けていって、タイプ別に性格的な判断をするものです。それで、だいたいのタイプみたいな感じで区分けされる。

「だいたい自分ってこんな感じだよね」となる。

ただ、「自分は100％これだ！」みたいにはならない。

どこか「だいたい」で、違うタイプの要素も少なからず含んでいる。

要するに100％自分が当てはまるようなタイプなんてないってことだ。

僕の性格の話をすると、僕は頑固なところがあります。でも100％頑固ではない

……と思います。変幻自在な頑固です。頑固って生きる上で邪魔くさい時もあるし

（笑）。頑固だと思うことはあるんだけど、どこかぼやっともしている。

今のこの圧倒的な情報化社会って、ある意味頑固でないと生きづらい瞬間もある。とにかく目に入ってくる情報量が半端ではないから、ある程度腹を据えていないと脳みそが無駄に働いてしまう。少なからずどこか頑固っぽいところがないと情報に振り回されてしまう。だから、そういった点では、僕の頑固という個性は役に立ってきた部分もあるかもしれない。

でも、今回のコロナによる時代の劇的な変化に対しては、そんな頑固も時として邪魔になる。逆に生きづらくなる原因にもなりかねない。

だから、これからの時代こそ自分っていうものを「だいたい」にしておくのは必要不可欠なことかもしれませんし、言ってしまえば「100%」っていうニュアンスの考え方自体が、これからの時代はますますナンセンスになってくるのかもしれませんね。

だから、今回僕はコロナに流されてみようかなーと思っています。頑固はほどほどにして。

このコロナという事態が、これからの時代をより良く生きるコロナコセイを教えてくれるんじゃないかと思っています。

流されちゃいましょう

いつだったか質問されたことがありました。

「他の陸上選手と違う生き方を選んでいるのは、なぜですか？」って。

僕は答えました。

「僕はアイドルではないですから」

唐突な回答で、質問した人はやっぱり面食らってました。その節はすみませんでした（笑）。

ただ、僕が思うに、どうやら最近、アスリートはアイドル化していますので、それと比較すると僕はどうしても違う生き方に見えちゃうんでしょうかね。

ちなみに本当のアイドルの仕事は一番難しい仕事だと思います。

まあ、それも時代が求める個性なんでしょうか。

アスリートには、とことん自分の心と身体に向き合って、ある意味じゃ自己満足しきっている人間の美しさっていうものがあるんですが……。

しかし、最近は本来の自分ではない誰かの考えたキャラクターなのか、「いいね！」されるからそのキャラになっているのか、アスリートがアイドル的な方向に傾斜しているように思います。

まあこの話は、この辺にして……僕の知り合いの方の話を紹介しましょう。

その方は普段は一般企業の会社勤めをしている人で、以前から「自分は流されやすい」「個性的な人がうらやましい」というような悩みを抱えていたようです。

今、彼の職場では、ある商品のパッケージを制作していて、2つのデザイン案があり、比較検討が行われているそうだ。

それで、「Aさんのデザインと Bさんのデザインのどちらを支持しますか？」と意見を求められる状況があるらしく、そういった場面で自分の意見を強く主張することにどうしても苦手意識を持ってしまうそうです。だから、たとえ自分は「Aさんのデザインの方が良さそうだ」と思っていたとしても、会議で周囲の人の話や意見が耳に入ってくるうちに、「Bさんのデザインの方もよく見えてきた」と流されてしまい、結局ビシッと自分の意見を貫くことができないそうだ。

それで彼自身「どうして自分は自分の意見を主張することが苦手なんだろう」と振り返りはするものの、結局は「自分に個性がなくて、物事の良し悪しを判断する基準がないんだ……」と考えてしまっているようです。

だから、自分の意見を主張できる人を見る度に、そういった人と自分自身を比べては「自分は流されやすく、なんて個性がない人間なんだ」と感じるみたいです。

んー。こういうことって、彼だけではなくて多くの方が感じていることなんじゃないんですかね？

決して珍しい悩みではないと思いますよね。意外に深刻なんだよね。

そもそも「はっきりした意見を言わないと、ダメ」って雰囲気は職場だけでなくどこにでもあるし、そもそもはっきり言うこと自体が得意じゃないって人の方が日本人には多いんじゃないかな？

これって、はっきりとストレスとして感じている人もいるかもしれないけど、見えづらいグレーなストレスでもあるよね。

ちなみに僕みたいに変に流されない人は、それなりに被弾するんですよね。誤解やトラブルも生まれるし。僕は基本、傷だらけですよ。

だから僕も、たまには流されてみてもいいかなって思う時もありますよ。

競技の特性上、つっぱらなきゃいけなかった時が多かったので、余計に。

後々考えたら、「そこまで自分の意見を強く持つべきだったのかな」って思うことも実際たくさんあった。

だからといってはなんですけど、流されやすいなと思っている人はね、流されてもいいんです。

流されまくってください。ただ、流され切らないでください。流されまくって会議室からいなくならなければ平気です。

会議室にいるならばいいです。会議室にいなかったら本当に何も言えないので（笑）。とにかく思い切って空気とか意見に流されてみてもいいと思う。流れていったら、意外といい場所に行くこともあるし。


もし皆が皆、流されず自分の意見をバンバン通す人たちばっかりだったら、僕は会議室には行きませんし、居たら即退出ですよね。話を聞く気ないんですねって。

だから流されやすいって、ある面では立派な個性だったりするんじゃないですかね。流されるって意外に意識してやると難しいと思う。

環境や人間関係によって、コンプレックスだと思っていることが長所になることもある。

何が正解で何が不正解なのかということも、環境や立場によって決まったり、変わったりする。

ただ、これだけは伝えておきますけど、流されちゃう人は中途半端に流されないことですよ。徹底的にギリギリまで流されましょうよ。どうせなら流される達人になってみてください。何でも徹底的にやらないと見えるものも見えてこないし、その先には必ず見えてくるものがありますから。

僕はそういう方に話を聞きにいきたい。

おわりに

いかがだったでしょうか？

最後まで僕の話に付き合ってくださり、ありがとうございました。

内容は読んでくれた通り、できるだけ話せる範囲の中で（笑）、いろんなことを自由に書かせてもらいました。ただ、自由に書かせてはもらったのですが、「真実」もまたしっかり書かせてもらいました。

もちろん、その真実が関わったすべての人にとっての真実ではないことも理解したうえで、せめて自分がしてきたことに対しては誠実に表現しました。

とくに、夢に向かう過程と、その夢を叶えた後について、多くの紙数を割きましたが、ここには僕自身の実感が深くこもっています。できるだけリアリティーを追求して、きれいに取りつくろった話は書かなかったつもりです。
そのため、巷《ちまた》で語られる「夢の叶え方」のような内容とはちょっとかけ離れているかもしれません。軽いタッチで書きましたが、読んでいて重く感じるところもあったのではないかと思います。

ただ僕は、自分が夢や目標という未来を語る際、どうしても本書で書いたような「現実」を伏せて語ることはできません。そして、夢や目標のことを考えたり語ったりする前に、まず「今という現実にいかにしっかりと目を向けるか」が一番大事なことだと思っています。

だからこそ、この本はメルヘンのような夢の世界や、簡単に夢や目標達成ができるかのようなことを、ハウツー本みたいに説明するものにしたくはありませんでした。
僕は世界で最も過酷な競走の世界で走りました。それに自分の人生を懸けて挑みました。そして、その先に何を見たか?

僕は、本書で書いてきた通り、幼い頃からの「夢」を叶えました。しかし同時に、叶えたことで、その夢は消えてなくなってしまいました。その時まで僕の人生の中で当たり前だったもの、人生の目標だったものが目の前から消えてしまったのです。

そこで僕は、夢とは「なくなるもの」なんだということを知りました。

夢というのは、絶対的なものではなく、何かのきっかけでなくなってしまうものだった。これは、僕にとっては人生を変えるほどの気付きでした。

たとえば、「自分は夢を叶えられなかった」とずっと後悔しているような人もいると思います。でも、それは夢というものを絶対的なものとして捉えているからこそかもしれません。

夢というのは、自分が「ある」と思っていたらある、「ない」と思ったらなくなってしまうような、もっとあやふやなものなのです。

夢を夢とするのも、勝ったか負けたかを決めるのも、幸か不幸かも、本当はすべて自分で決められるということ、そしてそれは自分でしか決められないものであるということ。

つまり、すべては「自由」（自分に由る）であるということです。

それが、僕が過酷な競争の日々を経てわかったことです。

僕はもう競争にも、勝敗にも縛られることはないと思います。

それはなぜか？

それは、自分が決めることだからです。

僕は流されてみるのもいいかな、と言いました。

それはなぜか？

最後は、自分で決める時が必ずくるからです。

なんとなく流されるのではなく、腹をくくって自分で決めて流されたなら、そんな回り道の過程でしか見つけられないことがあるはずだと今の僕は考えています。

だから、おそれずに徹底的に流されて、その過程で見たこと、感じたことを財産にして、最後の最後に進むべき道を決めればいい。

僕は夢に向かって走っていた時は、ずっと、「とにかく勝たなければいけない」「乗り越えなくてはいけない」という考え方をしてきました。

でも、すべてそれも自分に由るものだと理解してからは、どんなことも「乗り越える」ということではなく、「まず、受け入れてみよう」と思えるようになりました。何でも一度受け入れて、それから「どう向き合っていこうか」と考えるようになりました。

だからこそ僕は、これから「常識」や「当たり前」という世間的に決められた価値観だけに由るのではなく、その都度自分自身に起きた出来事を真っ直ぐに受け入れて、自分自身で向き合い方を考えるという「自由な哲学」をもって生きてみようかと思っています。これは、夢を「人生の答え」にしかできなかった生き方だったからこそ導きだした、今の僕の生き方だと思います。

僕は、もう夢や勝負に一方的に縛られることはありませんが、仮にまた夢を抱きたくなったら、抱くと思います。それもまた自由だからです。

そして、また勝負に勝ちたくなったら勝ちにいくと思います。それもまた自由だからです。

負けるのはやっぱり嫌ですからね（笑）。

この本は、あくまでも僕の自由な人生の話です。

だから、ある意味、「答え」はありません。

でも、困難に向き合っていくための「ヒント」はあるのではないかと思います。

もし、この本を読んで「これは自分の思い込みだったかな？」とか、「もっと今に目を向けてみよう」などと考えた瞬間があったのなら、その瞬間こそが「自分に由る」という感性であり、自由に生きていくための出発点です。

そして、すべてを自分に由って考えられるようになったなら、これまで見えていた景色が一変します。世界観が変わります。それは、僕自身が体験したことです。

そうして見つけられるのは、あなたにしかつくれない、あなた自身に由る、新しい世界です。

「勝ち負け」のようなわかりやすい結果だけでなく、今を大切にして、その過程のすべてを味わいながら進んでいく世界です。

ようこそ、「自由」な世界へ。

これからのあなたの人生が、より自由で豊かな人生になることを心から祈っています。

では。

[著者]

末續慎吾（すえつぐ・しんご）

現役陸上選手。1980年生まれ。熊本県出身。五輪、世界選手権を通じ、短距離種目で日本人初のメダリスト。九州学院高等学校から東海大学、ミズノ、熊本陸上競技協会を経て、現在は自身のチーム「EAGLERUN」所属。星槎大学特任准教授、アシックスジャパン・アドバイザリースタッフも兼任。

2003年世界陸上パリ大会で200m銅メダル。2000年シドニー、2004年アテネ、2008年北京の五輪代表。北京五輪では４×100mリレーで銀メダル獲得。

2017年に9年ぶりに日本選手権に復帰。2018年にEAGLERUNを立ち上げる。生死をかけ、さまざまな経験を経てきた稀有なオリンピアンで最年長現役選手だからこそ、さまざまな人たちとともに走り合いながら伝えていける大切なことがある。そんな思いとともに、これからの新たなスポーツ界のあり方を提案しながら、現役選手活動、後進指導、陸上クラブ運営、講演会、オリジナルイベントの実施、メディア出演など、多岐にわたって活躍を続けている。

EAGLERUNホームページ　https://eaglerun.jp
末續慎吾公式ブログ　https://ameblo.jp/eaglerun/
インスタグラム　https://www.instagram.com/suetsugu_shingo

自由。

――世界一過酷な競争の果てにたどり着いた哲学

2020年10月20日　第１刷発行

著　者――末續慎吾
発行所――ダイヤモンド社
〒150-8409　東京都渋谷区神宮前6-12-17
https://www.diamond.co.jp/
電話／03･5778･7233（編集）　03･5778･7240（販売）

ブックデザイン―小口翔平＋喜來詩織(tobufune)
校正――――円水社
製作進行――ダイヤモンド・グラフィック社
印刷・製本―勇進印刷
編集担当――斉藤 俊太朗・三浦 岳

ISBN 978-4-478-11083-6